KB175329

일 좀 하는
리더

일 좀 하는 리더

송일섭 지음

챗GPT 시대, AI-IT를 이렇게 활용합니다

plan b DESIGN

목차

📌 1장 기획력

– 기획이 성공하려면 '맥'을 알아야 한다

2장 협업력

– 조직의 협업을 이끄는 것이 능력이다

📌 3장 자기관리력
– 리더의 자기관리 능력도 실력이다

4장 AI력

– AI를 다루는 능력이 미래를 좌우한다

에필로그

들어가기

조직의 혁신을 이끄는 AI-IT Master

디지털 시대에 진입하며, 인공지능AI 및 정보기술IT은 기업과 조직의 경영 방식에 점점 더 큰 영향을 미치고 있습니다. 특히 스마트폰 출현에 비유되는 GPT와 같은 생성형 AI는 우리의 일하는 방식을 완전히 바꾸게 될 것입니다. 바로 지금이 AI와 IT 활용능력을 갖추어야 하는 이유와 그 능력을 향상시키는 방법에 대해 리더들이 깊이 고민하고 실행해야 할 때입니다. 본 책에서는 왜 리더가 AI와 IT 활용능력을 갖추어야 하는지, 어떻게 이러한 능력을 기를 수 있는지 상세하게 설명할 예정입니다.

책의 제목에 나와 있는 AI-IT Master는 AI 및 IT 활용능력을 통해 업무 성과를 향상시키고, 조직의 혁신과 변화를 주도하는 능력을 갖춘 사람을 의미합니다.

AI 활용능력은 인공지능 기술, 특히 생성형 AI를 이해하고, 이를 조직의 업무에 적용하여 업무 프로세스를 개선하고 성과를 창출하는 능력을 말합니다. 이를 통해 리더들은 효율적인 의사결정을 내리고, 업무 자동화를 도입하며, 데이터 분석을 통한 통찰력을 얻을 수 있습니다. 생성형 AI 활용능력은 혁신적인 비즈니스 모델 개발, 개인화된 고객 경험 제공, 그리고 신속한 문제 해결 등 여러 분야에서 기업의 성장과 시장 지배력을 높이는 데 기여합니다.

IT 활용능력은 다양한 소프트웨어와 디지털 도구를 효과적으로 사용하여 업무의 생산성과 협업을 향상시키는 능력을 의미합니다. 이 능력을 통해 리더들은 업무 프로세스를 간소화하고, 팀 간의 커뮤니케이션 및 협업을 강화하며, 시간 및 자원을 절약할 수 있습니다. IT 활용능력은 조직의 성장과 지속 가능한 발전을 지원하는 핵심 역량입니다.

AI와 IT 활용능력을 함께 갖춘 AI-IT Master는 조직의 업무 효율성을 높이고, 비즈니스 성과의 극대화에 중추적인 역할을 수행합니다.

리더가 AI-IT Master가 되었을 때 구체적으로 다음과 같은 이점을 얻을 수 있습니다.

첫째, 효율성의 향상입니다.

AI와 IT 기술을 활용해 업무 처리 속도와 정확도를 높일 수 있습니다. 이를 통해 리더는 조직의 업무 효율성을 향상시키고 경쟁력을 높일 수 있습니다. 리더가 AI와 IT 활용능력을 갖추면 업무 프로세스 자동화, 업무 분석 및 최적화, 데이터 처리 등의 작업에서 높은 성과를 얻을 수 있습니다.

둘째, 창의성이 촉진됩니다.

AI와 IT는 데이터를 분석하고 새로운 아이디어를 제안하는 데 도움을 줍니다. 이를 통해 리더는 조직의 창의력을 높이고, 혁신적인 제품과 서비스 개발에 기여할 수 있습니다. 또한 기존 업무 방식의 획기적인 변화를 이끌어 조직이 미래 시장에서 경쟁력을 확보할 수 있도록 도와줍니다.

셋째, 의사결정을 개선할 수 있습니다.

리더는 AI와 IT 기술로 얻은 더 정확하고 신속한 정보를 기반으로 의사결정을 내릴 수 있습니다. 이를 통해 조직의 전략적 방향성을 제고하고, 리스크를 줄일 수 있습니다. AI를 통해 데이터 분석,

아이디어 추출, 시장 예측 등을 할 수 있고, 더 신속하고 정확한 의사결정을 내릴 수 있습니다.

넷째, 인력 관리를 효과적으로 할 수 있습니다.

AI와 IT를 활용해 리더는 직원들의 업무 분담, 교육, 평가 등 인력 관리 업무를 효과적으로 수행할 수 있습니다. 이를 통해 리더는 조직의 인적 자원을 최적화하고, 직원들의 만족도와 생산성을 높일 수 있습니다. 예를 들어, AI를 활용해 팀원의 업무 트렌드 분석이나 퍼포먼스 관리 등 체계적인 인력 관리를 수행할 수 있습니다. 또한 전 세계에서 가장 많이 활용하는 생산성 앱을 통해 리더 자신의 일정 관리, to do list 관리 및 팀 프로젝트 관리를 더욱 효과적으로 할 수 있습니다.

다섯째, 원활한 커뮤니케이션이 가능해집니다.

AI와 IT 기술은 리더와 팀원 간의 커뮤니케이션을 원활하게 하여 협업을 강화합니다. 이를 통해 리더는 조직 내에서 정보 공유와 의사소통을 더 효율적으로 진행할 수 있습니다. 클라우드 기반의 협업 도구생산성 앱를 사용하여 리더와 팀원 간의 실시간 정보 공유 및 의사소통을 원활하게 할 수 있습니다.

그렇다면, AI-IT Master가 되려면 어떻게 해야 할까요?

첫째, 교육 프로그램에 참여합니다.

AI와 IT 기술 관련 교육 프로그램에 참여하여 지식과 기술을 습득해야 합니다. 이를 통해 리더는 AI와 IT 활용능력을 향상시키고, 조직의 변화에 능동적으로 대처할 수 있습니다. 온라인 강좌, 워크숍, 세미나 등 다양한 교육 프로그램을 활용하여 지속적으로 학습해야 합니다.

둘째, 실무 프로젝트에 참여합니다.

AI와 IT 기술을 활용한 프로젝트에 참여하거나, 실제 업무에 이를 적용하여 직접 경험을 쌓는 것이 중요합니다. 이를 통해 리더는 AI와 IT 활용능력을 높일 수 있으며, 다양한 상황에서의 문제 해결능력을 키울 수 있습니다. 실무 경험을 통해 이론적 지식을 실제 업무에 적용하며 능력을 향상시킬 수 있습니다.

셋째, 네트워킹 및 정보 공유에 참여합니다.

AI와 IT 분야 전문가들과 네트워킹을 통해 최신 기술 동향과 정보를 공유합니다. 또한 도서 및 최신 기사를 통해 관련 지식을 쌓아 나가야 합니다. 이를 통해 리더는 활용능력을 높이는 데 도움이 되는 자원을 확보하고, 다양한 아이디어와 지식을 얻을 수 있습니다. 컨퍼런스, 전문가 모임, 소셜 미디어 그룹 등을 활용하여 지식과 경험을 공유하고 네트워크를 확장해야 합니다. 즉 리더는 지속적으로 최신 기술 동향을 파악하고 자신의 활용능력을 업데이트해야 합니다.

넷째, 도전 정신을 가져야 합니다.

새로운 기술에 대한 도전 정신이 필요합니다. 리더는 AI와 IT 기술을 활용한 다양한 시도와 실험을 통해 조직에 가장 적합한 활용 방법을 찾아야 합니다. 실패를 두려워하지 않고, 새로운 도전을 계속해서 시도하며 능력을 발전시켜야 합니다. 지금 변하지 않으면 다시는 따라잡을 수 없을지 모릅니다. 아이폰의 등장과 같이 생성형 AI가 우리의 일하는 방식을 바꾸게 될 것입니다.

앞선 4가지 방법으로 리더가 AI와 IT 활용능력을 갖추게 된다면, 조직의 효율성 및 창의성, 의사결정, 인력 관리, 원활한 커뮤니케이션 등 여러 측면에서 긍정적인 영향을 미치게 됩니다. 또한 리더들은 조직의 목표 달성과 더불어 직원들과 함께 성장하며 가치를 창출할 수 있는 환경을 만들어가게 됩니다. 그리고 이러한 노력들을 통해 리더들은 변화에 능동적으로 대응하며, 조직의 지속 가능한 발전을 이루어야 할 것입니다.

AI-IT Master가 되려면 먼저 이 책에 소개된 다양한 AI와 앱을 실제 사용해보아야 합니다. 기능에 집중하기보다는 각 AI와 앱에 소개된 템플릿과 사례를 중심으로 사용해보기를 추천합니다.

이 책에서는 AI와 IT 활용능력을 갖추고자 하는 리더들을 위해 GPT와 같은 생성형 AI 기술과 생산성 앱들의 활용 방법을 소개하며, 실제 업무에 어떻게 적용할 수 있는지에 대한 지침을 제공합니다. 이를 바탕으로 이 책을 읽는 리더들이 AI-IT Master가 되어 조직의 혁신가로서 조직의 성장과 발전에 크게 기여하기를 바라고 응원하겠습니다.

"리더십과 학습은 서로 불가분의 관계이다."

(Leadership and learning are indispensable to each other.)

– 존 F. 케네디(John F. Kennedy)

1장
기획력

-

기획이 성공하려면
'맥'을 알아야 한다

기획에 필요한
모든 정보의 수집 - 에버노트

팀장으로 발령받았습니다. 새로운 프로젝트와 기획 업무가 상사로부터 끝없이 떨어지고 있습니다. 수많은 프로젝트를 팀원들에게 각각 나누어주어 진행할 수도 있지만 이제 그런 시대는 지나간 것 같습니다. 팀장인 내가 프로젝트의 방향성과 프레임을 제시해야만 우리 팀원들이 따라오는 것 같습니다. 그렇게 하려면 정보와 자료가 필요합니다. 효과적인 계획을 세우기 위해서는 매일 많은 메모를 하고 아이디어와 자료를 수집하고 참조하는 것이 중요하다는 것을 알고 있었습니다. 그러나 문제가 있었습니다. 매번 종이에 메모는 하지만, 필요할 때마다 그것을 어디에 두었는지 잊어버려 찾기가 어려웠습니다. 그동안 회사에서 제공한 다이어리, 내가 산 다이어리에 빼곡히 적어두었던 그 자료들을 찾기 어려울뿐더러 시간도 많이 소요되었습니다.

어느 날 동료 팀장과 이야기하던 중 내가 가진 문제를 언급했습니다. 이야기를 듣던 동료 팀장은 빙그레 웃으며 에버노트Evernote가 메모를 정리된 상태로 유지하고 어디서든 쉽게 액세스할 수 있다고 조언해주었습니다.

당장 에버노트를 사용해 보기로 했습니다. 유튜브를 보니 메모를 작성하고 정리하기 쉽다는 점, 어떤 장치에서든 액세스할 수 있다는 점, 또한 메모에 쉽게 태그를 지정하고 검색할 수 있어 필요한 정보를 쉽게 찾을 수 있다는 점이 마음에 들었습니다. 하지만 쉬워 보이는데 그렇지 않고, 간단해 보이는데 복잡한 것 같아 머뭇거리게 되었습니다. 방법이 없을까 생각하며 많은 자료를 찾아보았습니다. 빙고!!!

에버노트는 누구나 3가지만 터득하면 쉽게 사용할 수 있다는 사실을 알게 됐습니다. 에버노트를 사용하면 프로젝트 기획을 보다 생산적이고 효과적으로 할 수 있었습니다. 그리고 중요한 아이디어를 잊거나 메모한 위치에 대해 걱정할 필요가 없었습니다. 에버노트를 사용하는 것이 기획 과정을 성공으로 이끄는 열쇠라는 것을 알게 되었습니다.

1) 핵심 기능 3가지

에버노트는 컴퓨터(Windows, Mac 및 웹), 스마트폰(iOS 및 Android), 태블릿(iOS 및 Android)을 포함한 다양한 장치에서 사용할 수 있는 앱입니다. 즉, 인터넷이 연결된 모든 장치에서 에버노트에 액세스하고 사용할 수 있으므로 집에 있든, 사무실에 있든, 이동 중이든 에버노트를 사용할 수 있습니다. 특히 정보의 수집, 캡처, 기록, 정리 등에 에버노트의 텍스트 노트 작성, 오디오 및 비디오 노트 녹음, 웹 클리핑 캡처 등의 기능과 도구를 활용할 수 있습니다.

에버노트(Evernote)가 무엇일까요

- 2008년 출시된 메모용 애플리케이션
- 다양한 플랫폼(윈도우, 구글 크롬, 아이폰, 안드로이드 등)에서 실행
- 녹음, 파일 첨부, 이미지 삽입 가능
- 웹페이지를 클리핑하여 스크랩
- 자료 모으기, 자료 관리, 자료 공유 기능 탁월

(1) 자료 모으기, 자료 관리, 자료 공유, 메모장, 아이디어 기록 에 탁월

(2) 구조: 노트 〈 노트북 〈 스택
- 노트는 한 장의 포스트 잇으로 볼 수 있습니다.
- 노트북은 메모한 포스트 잇을 모아 한 권으로 묶은 것입니다.
- 스택은 노트북의 묶음들이 여러 개 모인 것입니다.

(3) 웹페이지를 스크랩하는 클리핑 가능(크롬 브라우저)

2) 사용법

(1) 왼쪽 상단에 "+ 새로 만들기"를 클릭하면 하나의 노트(포스트 잇)가 만들어집니다.

(2) 왼쪽에 있는 "2. IT 역량"은 노트북이고, 이런 노트북들이
모여 상단 메뉴인 "18. 책 쓰기" 스택이 만들어집니다.

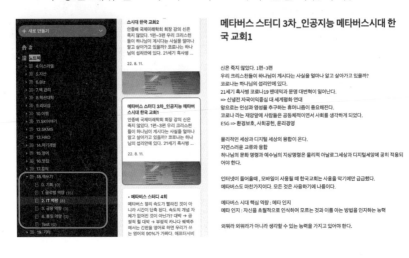

(3) 아이디어가 반짝 생각날 때, 대학원 강의를 잘 정리하고 싶
을 때, 잊지 말아야 할 중요한 정보를 간직해야 할 때, 유튜브
에서 다시 보고 싶은 동영상을 저장하고 싶을 때, 인터넷에서
좋은 정보를 스크랩하고 싶을 때, 항공권 e-ticket을 저장하고
싶을 때, 여권을 찍어서 저장할 때, TV에서 본 맛집 주소 등
기록하고 싶은 것을 모두 적습니다.

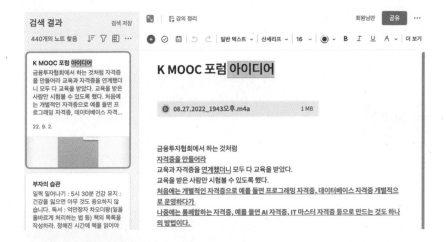

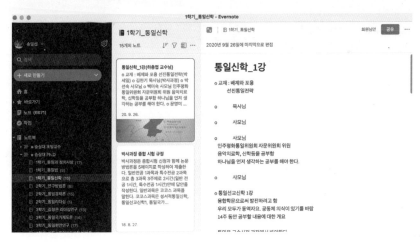

(4) 에버노트는 검색 기능이 뛰어납니다. 내가 원하는 정보를 아주 빠르고 정확하게 찾아줍니다. 각 노트마다 태그를 붙여주면 더욱 완벽한 검색 결과를 얻을 수 있습니다. 태그는 각 노트 하단 부분에 입력 가능합니다. 또한 광학 문자 인식OCR 기술을 사용하여 이미지 안의 텍스트와 손으로 쓴 메모까지 검색할 수

있어 필요한 정보를 빠짐없이 찾을 수 있습니다.

※ 에버노트 사용법을 더 알고 싶다면, QR코드를 활용하세요.

 출처: 이사양잡스 Youtube

기획의 핵심, 정보의 구조화 - 원노트(OneNote)

통신 회사의 문 팀장에게는 큰 과제가 있었습니다. 회사에서는 리더들이 새로운 AI 시대에 대비하기를 원했습니다. 그래서 문 팀장에게 새로운 AI 시대에 적합한 리더십 교육 프로그램 설계 임무를 부여했습니다. 문 팀장은 새로운 프로젝트에 도전하게 되어 기뻤지만, 어디서부터 시작해야 할지 몰랐습니다.

먼저 문 팀장은 AI 및 리더십과 관련된 정보를 신속하게 검색, 수집 및 통합하기로 했습니다. 그동안 다양한 정보들을 에버노트를 이용해 저장해두었는데, 그중 AI 및 리더십 관련 기사, 연구 논문, 블로그 게시물을 검색하고 수집하기 시작했습니다.

다음으로 문 팀장은 에버노트에 수집한 모든 정보를 Microsoft 의 원노트OneNote 앱에 통합하기로 결정했습니다. 원노트를 통해 수집한 정보를 이해하기 쉬운 방식으로 정리할 수 있다는 사실을 알게 되었기 때문입니다. 그는 다양한 주제에 대해 서로 다른 섹션을 만들고, 정보를 더 매력적으로 만들기 위해 이미지와 동영상을 추가하고, 각 섹션에 자신의 메모와 생각을 추가할 수 있었습니다.

마지막으로 문 팀장은 통합된 정보를 팀원들과 공유할 준비를 하였습니다. 그는 공유 원노트 노트북에 팀원들을 초대해 참여시켰으며, 팀원들은 문 팀장이 수집하고 정리한 모든 정보에 액세스할 수 있었습니다. 팀원들은 정보가 얼마나 포괄적이고 잘 정리되어 있는지에 깊은 인상을 받았고, 팀에게 부여된 리더십 교육 프로그램 기획은 빠르게 진행되었습니다.

이런 과정을 거쳐 문 팀장은 에버노트와 원노트를 사용하여 빠르게 정보를 수집 및 통합할 수 있게 되었습니다. 그리고 AI 및 리더십 관련 정보를 효율적이고 효과적인 방식으로 팀원들과 공유하였습니다. 회사는 문 팀장과 그의 팀이 설계한 리더십 교육 프로그램에 만족하였고, 팀원들은 기존 리더와 다른 일 처리 방식을 보여준 문 팀장의 실력을 인정하게 되었습니다.

1) 핵심 기능 3가지

마이크로소프트 원노트는 사용자가 체계적으로 메모를 작성, 편집 및 저장할 수 있는 응용 프로그램입니다. 사용자가 아이디어, 생각 및 정보를 한 곳에 적을 수 있도록 사용하기 쉬운 인터페이스를 제공합니다. 원노트의 가장 눈에 띄는 장점 중 하나는 정보를 통합하고 공유하는 기능입니다.

(1) 사용자의 아이디어, 생각 및 정보를 한 곳에 통합해서 페이지에 보여줍니다.

(2) 구조: 페이지 〈 노트 〈 섹션

ㅡ 페이지가 모여 노트가 되고, 노트가 모여 섹션이 됩니다.

(3) 수집된 정보를 공유하고, 팀원들과 실시간으로 공동 작업 가능

ㅡ 동일한 정보를 통해 작업해야 하는 팀 프로젝트에 유용

2) 사용법

(1) "제목 없는 페이지"를 클릭합니다.

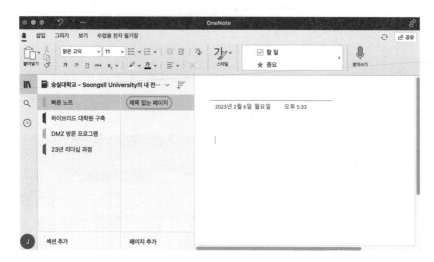

(2) "제목 없는 페이지" 영역이 페이지, "빠른 노트" 영역이 상위 카테고리인 노트이며, "숭실대학교~" 영역이 노트의 상위 카테고리인 섹션입니다.

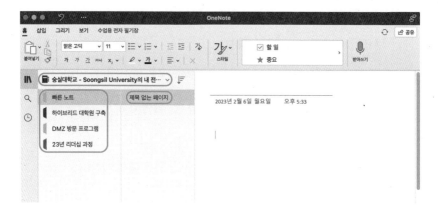

3) 에버노트에서 필요한 정보를 검색 후 복사해서 원노트 페이지에 모두 모읍니다. 이렇게 원노트 페이지에 통합한 정보를 원노트 공유 기능을 통해 팀원들과 공유할 수 있습니다. 즉, 오른쪽 상단 링크 보내기를 통해 공유하면 같은 자료와 정보를 팀원들이 함께 보며 기획할 수 있습니다.

(4) 원노트를 사용하면 웹 페이지, PDF, 기타 Microsoft Office 등 다양한 소스에서 정보를 쉽게 가져온 후 기획에 적합한 내용으로 구조화할 수 있습니다. 이를 통해 사용자는 프로젝트에 필요한 모든 정보를 한 곳에서 신속하게 수집하고 한눈에 모든 정보를 볼 수 있습니다. 또한 원노트를 사용하면 사용자는 노

트북, 섹션 및 페이지를 다른 사람과 공유할 수 있고 변경 사항을 실시간으로 확인할 수 있습니다.

※ 원노트 사용법을 더 알고 싶다면, QR코드를 활용하세요.

 출처: 테크몽 Youtube

AI를 활용한
기획 초안 작성 - ChatGPT

김 대리는 책상에 앉아 앞에 있는 빈 화면을 응시했습니다. 그는 바쁜 마케팅 회사에서 열심히 일하는 재능 있는 회사원이었지만 오늘은 왠지 막막한 느낌이 들었습니다. 그는 회사의 최고 고객을 위해 캠페인 제안서를 작성하는 임무를 받았고 최선의 노력에도 불구하고 새롭고 흥미로운 것을 제시할 수 없었습니다.

그는 항상 자신의 창의성, 틀 밖에서 생각하는 능력에 자부심을 가지고 있었습니다. 하지만 오늘은 영감의 샘이 고갈된 것 같았습니다. 그는 패배감을 느끼며 한숨을 쉬고 의자에 등을 기댔습니다. 그때 지나가다가 그의 상황을 알아차린 팀장님이 말했습니다.

"이봐, 김 대리. 무슨 일이야?"

"이 캠페인 제안에 대한 아이디어를 떠올리기가 어렵네요."

"ChatGPT는 사용해 봤나? 아이디어와 제안을 생성하는 데 도움이 되는 요즘에 제일 핫한 AI 도구야. 나도 최근에 사용했는데 이게 물건이라네."

김 대리에게는 새로운 관점이 절실했습니다. 그는 팀장님이 말한 ChatGPT를 사용해보기로 결정했습니다. 웹브라우저를 열고 캠페인에 대한 생각과 질문을 입력하기 시작했습니다. 놀랍게도 ChatGPT는 그가 입력한 키워드와 질문에 대해 다양하고 창의적인 제안을 신속하게 생성했습니다.

그는 ChatGPT가 제시한 아이디어를 수정하고 개발하는 작업에 빠르게 착수했습니다. ChatGPT의 도움 덕분에 그는 자신의 창의성이 다시 흐르기 시작하는 것을 느꼈습니다. 마치 친구처럼 ChatGPT와 이야기했습니다. 질문을 하고, 답을 들은 후 이어서 질문하기를 반복했습니다.

그러나 김 대리는 거기서 만족하지 않았습니다. 여세를 몰아 아이디어를 시각적인 방식으로 구현하는 최신 이미지 생성 AI 도구인 DALL-E2를 사용하기로 결정했습니다. DALL-E2를 통해 그는 이미지와 완벽하게 일치하는 맞춤형 이미지를 만들 수 있었습니다. 캠페인 콘셉트 이미지는 놀랍게 창의적이고 독특했고, 그의 아이디어에 생명을 불어넣었습니다.

ChatGPT 및 DALL-E2와 협업한 최종 결과는 정말 특별한 제안이었습니다. 회사는 김 대리가 제안한 기획의 창의성과 혁신의 수준에 만족했고, 고객은 제안서의 시각적 효과에 감탄했습니다. 김 대리는 자신의 제안을 한 단계 더 발전시켰고 AI 덕분에 모든 것을 해낼 수 있었습니다.

그때부터 김 대리는 도움이 필요할 때마다 주저하지 않고 ChatGPT와 DALL-E2를 사용했습니다. 최첨단 AI 도구를 통해 그는 더 빠르고 효율적으로 작업할 수 있었고 급변하는 마케팅 세계에서 두각을 나타낼 수 있었습니다.

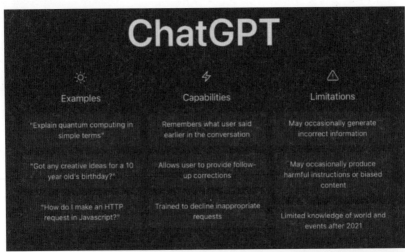

1) 핵심 기능 3가지

ChatGPT는 OpenAI에서 개발한 최첨단 대화형 언어 모델입니다. 딥 러닝 알고리즘을 사용하여 사용자가 입력한 내용에 대해 인간과 유사한 텍스트 응답을 생성합니다. 1,750억 개 이상의 매개변수를 사용하는 ChatGPT는 대규모 텍스트 데이터 세트에 대해 교육받았기 때문에 광범위한 질문에 답하고 다양한 대화에 참여할 수 있습니다. ChatGPT는 고객 서비스, 개인 비서, 언어 번역 등과 같은 다양한 애플리케이션에 사용할 수 있습니다. 궁극적인 목표는 사람들이 AI와 자연스럽고 직관적인 상호작용을 할 수 있도록 돕는 것입니다.

(1) 나의 비서에게 해야 할 일을 지시한다고 생각하고 문장을 만듭니다.

(2) 영어로 질문하는 것이 좋습니다.(ChatGPT 3.5의 경우)
– "구글 번역기"를 이용하거나 크롬브라우저 확장 프로그램인 "프롬프트 지니" 설치 필요

(3) 영어 답변이 나오면, "한글로"라고 다시 요청합니다. 그러면 한글 번역이 되어 나오고, 더 자세한 답변을 원하면 "more detail"로 다시 질문하면 됩니다.

2) 사용법

(1) 화면 하단 입력창에 질문을 합니다. 크롬브라우저 확장 프로그램 프롬프트 지니가 설치된 경우는 "번역해서 질문" 버튼을 클릭하고, 그렇지 않은 경우는 "Regenerate response" 버튼을 클릭합니다.

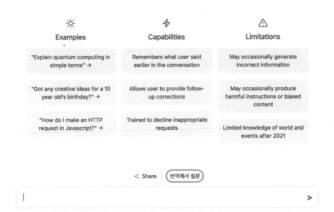

(2) 그림과 같이 답변이 나옵니다.

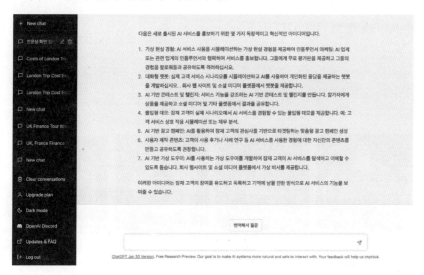

(3) Dall-E2 웹페이지에 접속한 후 로그인을 하고 그림과 같이 text로 원하는 그림의 모습을 입력합니다.(영어로 입력하면 고품질의 이미지 생성)

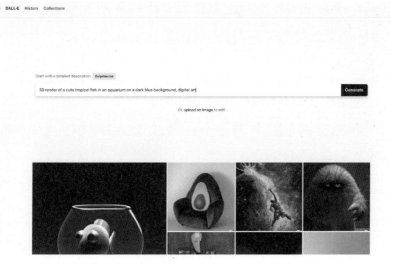

(4) 요청한 대로 AI가 그린 여러 가지 그림이 나옵니다.

(5) ChatGPT 3.5는 한글로 질문하면 대답이 부실합니다. 따라서 크롬브라우저 확장 프로그램인 프롬프트 지니를 설치하여 한글 질문을 입력창에 쓴 뒤 "번역해서 질문" 버튼을 누르면 영어 질문으로 자동 변환됩니다. 영어 답변이 나오고 이어서 한글로 자동 번역되어 나옵니다. 하지만 유료 버전인 ChatGPT 4는 한글로 질문해도 풍부한 대답을 얻을 수 있습니다.

(6) ChatGPT는 기획서, 보고서, 메일, 여행 일정 초안 작업에 아주 쉽게 사용할 수 있습니다. 마치 ChatGPT라는 비서에게 일을 시키는 것과 같습니다.

예를 들면 "뉴욕&보스턴 6박 7일 여행 일정을 작성하고 싶다. 가장 인기 있는 호텔과 음식점, 관광명소를 포함해서 작성해줘."라고 물어봅니다. ChatGPT가 결과를 보여주면 이렇게 이어서 요청할 수 있습니다. "추천해준 일정에 음식점의 주소도 표시해줘." 그러면 주소가 포함된 여행 일정을 보여줍니다. 원하는 결과가 나올 때까지 계속 물어볼 수 있습니다. 마치 여행사 직원과 이야기하는 것처럼 대화하며 우리가 원하는 결과를 모두 얻을 수 있습니다.

※ ChatGPT 사용법을 더 알고 싶다면, QR코드를 활용하세요.

 출처: 국립중앙과학관 Youtube

OKR을 활용한 목표 지향 프로세스 - 노션(Notion)

올해도 팀을 맡게 된 송 팀장은 회사로부터 새로운 목표관리 방법인 OKR Objectives and Key Results에 대해 듣게 되었고 이를 팀에 적용하도록 지시받았습니다. OKR은 구글을 비롯해서 실리콘밸리의 많은 회사가 조직에 적용한 목표 설정 프레임워크로, 구체적이고 측정 가능한 결과 달성을 위해 조직이 노력을 집중하고 조정하는 데 도움이 됩니다.

송 팀장은 OKR을 팀에 효과적으로 잘 적용하기 위해 고민하였고, 요즘 좋은 평을 많이 듣고 있는 생산성 도구 노션 Notion을 사용해 OKR 프로세스를 설계하기로 했습니다. 송 팀장은 팀의 명확한 "목표 Objective"를 설정한 다음, 목표를 향한 진행 상황의 추적에 도움 되는 구체적이고 측정 가능한 "주요 결과Key Result"를 정의하였습니다. 이 과정에서 팀원들은 각자에게 회사가 기대하는 바와 성공의 구체적 모습이 어떤지를 쉽게 이해할 수 있었습니다. 그런 다음 송 팀장은 목표를 더 작은 작업으로 세분화하여 개별 팀원에게 할당했습니다. 이를 통해 팀원들은 자신이 맡은 일에 주인의식을 가질 수 있었고 작업에 접근하는 방식에서 창의력을 펼칠 수 있게 되었습니다.

OKR은 두 부분으로 구성됩니다. 첫째, 목표는 조직이 달성하고자 하는 구체적이고 측정 가능하며 기한이 정해진 것이어야 합니다. 또한 도전적이고 고무적이어야 하며 일반적으로 긍정적이고 결과 지향적인 방식으로 구성됩니다. 둘째, 주요 결과는 목표의 진행 상황을 추적하고 목표 달성을 입증하는 지표입니다. 주요 결과는 정량화할 수 있으며 목표 달성을 위해 조직이 제대로 일을 진행하고 있는지 판단하는 데 도움이 됩니다.

OKR의 장점 중 하나는 팀 전체가 공동의 목표를 향하여 향상된 집중력과 협업을 발휘하여 더 나은 결과를 얻을 수 있다는 것입니다. 또한 팀은 변화에 빠르게 적응하고 가장 중요한 것에 집중할 수 있게 됩니다.

송 팀장은 OKR을 통해 만족스러운 결과를 달성할 수 있었습니다. 노션을 통해 OKR을 설계하면 진행 상황을 쉽게 추적하고 필요에 따라 조정할 수 있다는 것도 깨달았습니다. 또한 추가 지원이나 리소스를 제공해야 하는 영역을 식별할 수 있어 팀이 순조롭게 일을 진행하도록 도울 수 있었습니다. 무엇보다 송 팀장은 진행 상황을 볼 수 있었기 때문에 팀원들을 계속 집중할 수 있게 하고 동기부여할 수 있었습니다.

OKR은 조직이 중요한 것에 계속 집중하고, 노력의 우선순위를 정하고, 진전을 이룰 수 있도록 도와줍니다. 그래서 신생 기업부터 대기업에 이르기까지 다양한 산업 분야에서 비즈니스 목표, 부서 목표 및 개인 개발 목표를 설정하고 달성하기 위해 OKR을 사용합니다.

1) 핵심 기능 3가지

OKR을 사용하기 위해 노션을 이용할 수 있습니다. 노션은 개인 작업 및 팀 프로젝트를 한 곳에서 관리할 수 있는 생산성 및 조직 도구입니다. MZ세대 직장인과 학생들에게 유명한 앱입니다. 직관적인 방식으로 메모, 작업, Wiki 및 데이터베이스를 만들고 구성할 수 있는 유연한 플랫폼을 제공합니다.

노션에는 실시간으로 다른 사람과 협업, 정보 저장 및 구성을 위한 맞춤형 데이터베이스 생성 기능이 있습니다. 이 도구는 개인, 팀 및 조직에서 생산성을 높이고 프로젝트 및 워크플로를 관리하며 협업 및 커뮤니케이션을 개선하는 데 사용됩니다. 또한 노션은 사용자 친화적인 인터페이스, 다용도성 및 사용자의 특정 요구 사항에 맞는 맞춤형 솔루션을 만들 수 있는 강력한 기능으로 유명합니다. 노션의 사용이 만만치는 않지만, 다음 3가지만 기억하면 됩니다.

(1) 제일 빨리 노션을 사용할 수 있는 방법은 템플릿을 활용하는 것입니다.
- 원하는 대로 수정할 수 있는 수천 개의 템플릿이 있습니다.

(2) 노션은 레고와 같습니다. 여러 개의 블록조각(정보)이 모여 페이지가 만들어집니다. 페이지가 모이면 워크스페이스가 됩니다. 보통 워크스페이스는 대시보드 형태로 만들어지는데 여기서 나의 모든 정보를 한눈에 볼 수 있게 됩니다.
- 대시보드를 통해 나의 일과 삶을 모니터링할 수 있습니다.

(3) 다른 앱(에버노트, Trello 등)의 데이터 가져오기가 가능합니다.

2) 사용법

(1) 왼쪽 하단에 있는 "새 페이지"를 클릭합니다. 그리고 "제목 없음" 자리에 "OKR로 목표 설정하기"를 입력합니다. 이렇게 새로운 페이지를 만들어 나갑니다.

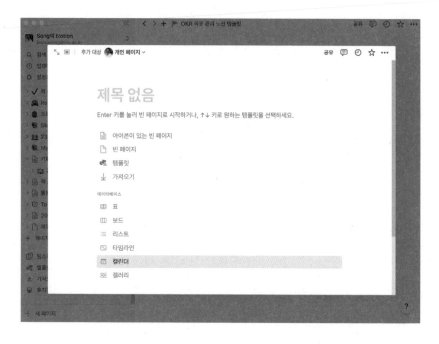

(2) 다음 이미지는 OKR 템플릿을 가져온 것입니다. "Objective" 자리에 다음과 같이 목표를 적습니다. 네이버에서 "노션 OKR템플릿"으로 검색하면 OKR 관련 템플릿이 나옵니다. 이 템플릿을 손쉽게 노션으로 가져올 수 있습니다.

OKR로 목표 설정하기

(3) 다음으로 각 Object에 연결된 Key Results를 기록합니다. 이렇게 하면 OKR을 노션에서 효과적으로 관리할 수 있습니다.

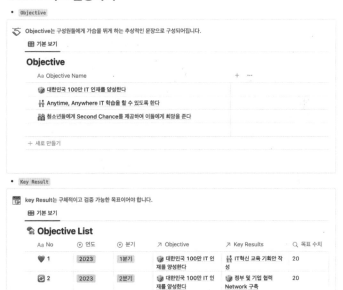

(4) 노션을 활용하면 수많은 프로젝트를 동시에 추적 관리할 수 있습니다. 클릭 한 번이면 프로젝트 상황을 한눈에 확인할 수 있습니다.

※ 노션 사용법을 더 알고 싶다면, QR코드를 활용하세요.

 출처: 디에디트 Youtube

언제, 어디서든 접근 가능한 데이터의 저장과 활용 – 구글 드라이브/설문지

스타트업의 팀 리더로서 저는 프로젝트를 성공시키려면 올바른 클라우드 서비스를 찾는 것이 중요하다는 것을 알고 있었습니다. 우리 팀은 신중한 고려 끝에 안정성, 확장성, 사용자 친화적인 인터페이스를 가진 구글 클라우드를 사용하기로 결정했습니다.

구글 드라이브는 구글에서 제공하는 클라우드 기반 저장 플랫폼입니다. 이를 통해 사용자는 인터넷에 연결된 모든 장치에서 시간과 장소에 구애받지 않고 원하는 자료를 저장하고 액세스할 수 있습니다. 구글 드라이브의 주요 이점 중 하나는 링크를 사용하여 파일을 저장하고 다른 사람과 공유할 수 있다는 것입니다.

팀 구성원은 언제 어디서나 쉽게 파일에 액세스하고 작업할 수 있습니다. 우리 팀원들이 재택 근무로 원격으로 작업하고 있었기 때문에 이 부분이 특히 중요했습니다. 구글 드라이브 덕분에 프로젝트에서 쉽게 공동 작업할 수 있었습니다. 복잡한 파일 공유 시스템이나 이메일을 통해 대용량 파일을 보낼 필요 없이 중요한 문서와 파일을 공유하고 실시간으로 업데이트할 수 있었습니다. 또한 구글 설문지의 설문 조사 및 결과 분석 기능 덕분에 고객의 진짜 문제가 무엇인지도 빠르게 파악할 수 있었습니다.

프로젝트가 진행됨에 따라 구글 드라이브의 컴퓨팅 엔진을 활용하여 애플리케이션과 스토리지 솔루션을 실행하여 데이터를 저장하고 관리했습니다. 프로젝트는 대성공이었습니다. 파일 공유를 위한 구글 드라이브의 링크 기능 덕분에 프로젝트를 제시간에 완료할 수 있었습니다.

프로젝트가 성공적으로 시장에 안착하면서 단기간에 엄청남 트래픽 유입을 처리해야 할 상황에 직면하게 되었는데, 구글 드라이브의 자동확장기능을 통해 이를 해결할 수 있었습니다. 갑작스러운 수요 급증 상황에서 단 몇 번의 클릭만으로 인프라를 확장해 증가한 부하를 처리할 수 있었고, 프로젝트가 중단되지 않고 원활하게 실행되었습니다. 구글 드라이브 덕분에 우리 팀은 효율적이고 효과적으로 작업할 수 있었고, 사용자의 요구를 충족하는 고품질 제품 개발에 집중할 수 있었습니다.

1) 핵심 기능 3가지

구글 드라이브는 현재 사용자에게 최대 15GB의 무료 저장 공간을 제공합니다. 사용자는 웹 브라우저를 통해 또는 데스크톱 또는 모바일 장치에 구글 드라이브 앱을 다운로드하여 액세스할 수 있습니다.

구글 드라이브는 또한 사용자 데이터 보호에 도움이 되는 다양한 보안 기능을 제공합니다. 전반적으로 구글 드라이브는 파일의 저장, 구성, 공유를 통해 다른 사람과 공동 작업할 수 있는 편리한 방법을 제공하는 다재다능하고 사용자 친화적인 플랫폼입니다.

(1) 크롬 브라우저를 이용합니다.

(2) 저장하기를 원하는 자료를 구글 브라우저에 간단하게 업로드 및 공유가 가능합니다.

(3) 각종 설문을 작성하고, 링크를 통해 전달하고, 그 결과를 자동으로 받을 수 있습니다.

2) 사용법

(1) 크롬 브라우저의 오른쪽 화면 상단에 있는 "구글 앱" 부분을 클릭하여 "드라이브"를 선택합니다.

(2) 드라이브가 열린 상태에서 왼쪽 상단에 있는 "+새로 만들기"를 클릭하면 자료를 업로드&다운로드 가능합니다.

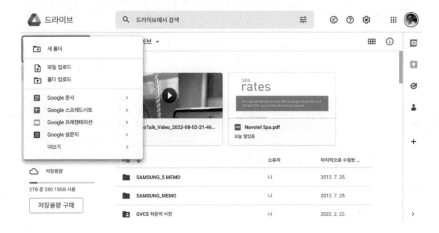

(3) 크롬 브라우저의 오른쪽 화면 상단에 있는 "구글 앱"을 클릭하고 "설문지"를 선택합니다.

(4) 원하는 설문을 만들면, 결과를 다양한 형태로 보여줍니다.

※ 구글 드라이브 사용법을 더 알고 싶다면, QR코드를 활용하세요.

출처: 스마트플립러닝연구회 Youtube

6

상사의 의도를
정확하게 파악한다 - 클로바노트 AI

김 과장은 회사에서 자주 열리는 회의와 외부 강연을 통해 성장하고자 노력하는 직원이었습니다. 하지만 그가 항상 어려워했던 것은 매번 회의에서 들었던 의견이나 강연 내용들을 완벽하게 기억하기 힘들다는 것이었습니다. 메모를 하려고 해도 모든 내용을 메모할 수는 없었습니다.

어느 날, 김 과장은 클로바노트 앱을 발견하게 되었고, 그날부터 그의 직장 생활은 완전히 달라졌습니다. 김 과장이 처음 클로바노트를 시험해본 것은 회사의 주간 회의였습니다. 회의가 시작되자마자 김 과장은 앱을 실행해 녹음을 시작했습니다. 놀랍게도, 클로바노트를 사용하니 회의 중 상사의 지시와 동료들의 의견을 빠짐없이 녹음할 수 있었고, 회의가 끝난 후 녹음된 내용을 자동으로 텍스트로 변환할 수도 있었습니다. 더불어 요약 기능까지 이용하니, 한눈에 핵심 내용을 파악할 수 있어 큰 도움을 받았습니다.

이번에는 외부 강연에 참석한 김 과장이 클로바노트를 활용해보기로 했습니다. 그는 강연 시작과 동시에 앱을 실행하여 녹음을 시작했습니다. 강연이 끝난 후 클로바노트를 확인하니, 강연 내용이 정확하게 텍스트로 변환되었고 요약까지 되어 있었습니다. 이제 더 이상 강의를 다시 듣거나 필기를 확인할 필요가 없었습니다.

회사에서 상사의 의도를 파악하고, 회의 내용을 정리하며, 외부 강연의 내용을 손쉽게 이해할 수 있게 된 김 과장은 클로바노트의 매력에 푹 빠져버렸습니다. 녹음된 파일과 텍스트를 공유 기능을 통해 동료들에게 전달할 수 있었고, 팀이 더욱 효율적으로 소통할 수 있게 되었습니다. 또한 예전에는 상사의 지시를 정확하게 파악하는 일이 힘들었으나, 녹음과 자동 텍스트 기능을 가진 클로바노트 덕분에 정확하고 빠르게 상사의 지시를 이행하게 되었습니다.

클로바노트 앱 덕분에 김 과장은 직장 생활에서 큰 성과를 거두게 되었습니다. 그는 업무 능력이 향상되어 프로젝트에서 중요한 역할을 맡게 되었고, 그 결과 상사와 동료들에게 인정받기 시작했습니다. 김 과장은 이를 계기로 업무에 자신감을 갖게 되었고, 성취감도 높아졌습니다.

한편, 클로바노트 앱의 효용성을 확인한 동료들 역시 앱을 사용하여 회의나 강의에서 얻은 정보를 더욱 정확하게 활용할 수 있게 되었습니다. 이로 인해 회사 전체의 소통 및 업무 효율성이 크게 향상되었고, 김 과장의 직장 생활은 새로운 전환점을 맞이하게 되었습니다.

1) 핵심 기능 3가지

클로바노트는 회의, 강연, 인터뷰 등 다양한 상황에서 음성을 녹음하고 텍스트로 변환해주는 뛰어난 앱입니다. 이미 녹음된 파일을 업로드하면 텍스트 전환도 가능합니다. 이를 통해 사용자는 손쉽게 중요한 정보를 기록하고, 나중에 확인할 수 있습니다.

(1) 대화 및 녹음된 내용을 텍스트로 자동 변환
클로바노트는 고품질의 음성 인식 기술을 사용하여 녹음된 음성을 실시간으로 텍스트로 변환해줍니다. 이 기능을 사용하면 회의나 강연 내용을 모두 쉽게 기록할 수 있어, 나중에 확인하기도 편리합니다. 또한 다양한 언어를 지원하여 국내외에서 모두 활용 가능합니다. 영어로 진행하는 회의에 활용할 수도 있습니다.

(2) 강연 및 회의 핵심 사항을 요약

클로바노트는 녹음된 음성을 텍스트로 변환한 후, 핵심 내용을 간결하게 요약해주는 기능을 제공합니다. 사용자는 요약된 내용을 통해 빠르게 중요한 포인트를 파악할 수 있으며, 시간을 절약할 수 있습니다. 이를 통해 업무 처리 속도가 빨라지고, 정보의 정확도와 완전성도 향상됩니다.

(3) 태그 및 검색 기능

클로바노트는 녹음된 음성 파일과 변환된 텍스트에 쉽게 태그를 추가할 수 있는 기능을 제공합니다. 사용자는 태그를 통해 파일을 분류하고 관리할 수 있어, 찾고자 하는 정보를 빠르게 찾을 수 있습니다. 또한 앱 내에서 검색 기능을 활용하면 원하는 키워드를 입력하여 관련된 녹음 파일 및 텍스트를 쉽게 찾아볼 수 있습니다.

2) 사용법

(1) 먼저 애플스토어나 구글 플레이스토어에서 "클로바노트-AI 음성기록" 앱을 다운로드합니다.(PC/스마트폰 버전이 있는데, 음성 녹음 기능은 스마트폰 버전에만 있습니다.) 클로바노트 앱을 열고 새 노트 만들기를 합니다.(스마트폰 기준)

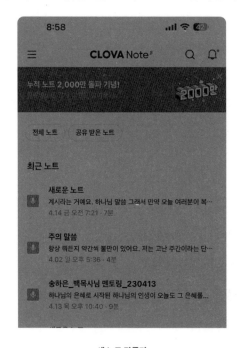

(2) 음성녹음을 합니다.

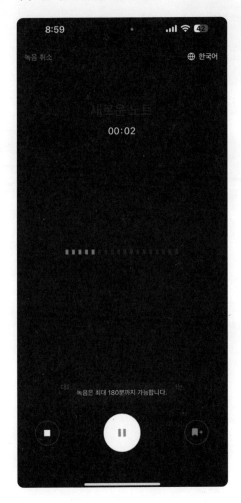

(3) 녹음한 음성의 종류를 선택합니다.

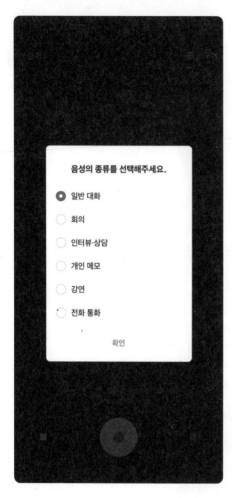

(4) 녹음된 내용이 자동으로 text로 변환됩니다.

(5) 녹음된 내용에 대한 요약도 바로 해줍니다. 메모를 누르세요.

(6) 오른쪽 상단의 점 세 개를 클릭하면 다양한 메뉴가 나옵니다.

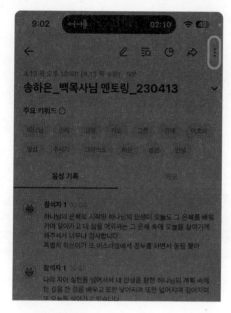

T　글자 크기 변경

☺　음성 기록 다운로드

♩　음성 파일 다운로드

🗋　메모 다운로드

↱　노트 이동

🗑　노트 삭제

취소

※ 클로바노트 사용법을 더 알고 싶다면, QR코드를 활용하세요.

출처: 안될공학 Youtube

"의사소통을 할 때는 말하지 않는 것을 듣는 것이 가장 중요하다." (The most important thing in communication is hearing what isn't said.)

– 피터 드러커(Peter Drucker)

2장
협업력

-

조직의 협업을
이끄는 것이 능력이다

회의를 위한
협업의 공간 - 프리폼(Freeform)

앱 개발 스타트업에서 일하는 전 팀장은 요즘 할 일 목록을 작성하고 알림 설정 및 진행 상황을 추적하여 사용자가 생산적으로 정리, 유지하도록 하는 Taskmaster라는 앱을 개발하고 있었습니다. 전 팀장은 이 앱의 개발을 위해 팀원들의 협업을 이끌어낼 수 있는 방법을 고민하고 있었습니다. 이 앱의 출시를 앞두고 팀은 마지막 몇 가지 기능을 마무리하기 위해 열심히 노력하고 있었습니다.

팀이 어려움을 겪고 있는 기능 중 하나는 사용자 인터페이스였습니다. 그들은 앱이 사용하기 쉽고 시각적으로 매력적이기를 원했지만 전체 팀원의 합의를 얻는 데 어려움을 겪고 있었습니다. 그때 전 팀장은 최근에 출시된 Apple의 프리폼Freeform 앱을 활용하기로 결정했습니다.

　프리폼을 통해 팀은 사용자 인터페이스의 디지털 스케치를 신속하게 생성하고 조작할 수 있어 다양한 설계 옵션을 쉽게 실험할 수 있습니다. 팀원들은 프리폼의 보드(도화지)라는 협업 공간에서 프로그래밍의 기술적 세부 사항에 대해 걱정할 필요 없이 빠르게 반복하고 변경할 수 있었습니다. 프리폼을 사용하여 팀은 앱의 사용자 인터페이스를 위한 몇 가지 새로운 디자인을 만들 수 있었습니다. 팀원들은 서로의 디자인을 실시간으로 보드에 그려보면서 피드백을 요청했으며, 몇 번의 반복 후에 그들 모두가 합의한 최적의 디자인에 도달할 수 있었습니다.

　팀원들 모두 프리폼을 사용하여 서로의 아이디어를 얼마나 빨리 공유하고 개선할 수 있었는지 놀랐습니다. 마침내 Taskmaster가 앱 스토어에 런칭되기 시작했고, 댓글을 통해 사용자들이 앱의 사용자 인터페이스를 좋아했으며 사용하기 쉽고 시각적으로 매력적이라고 느끼는 것을 알았습니다.

　전 팀장은 앱의 성공에 너무 기뻐했으며, 팀원들의 협업을 통한 집단지성의 활용이 얼마나 중요한지 알게 되었습니다. 팀원들은 아이디어를 내고 피드백받는 것을 반복하면서 진정으로 혁신적이고 사용자 친화적인 제품을 만들 수 있었습니다. 전 팀장은 앞으로의 프로젝트에서도 프리폼을 통해 팀의 협업을 이끌어낸다면 더 큰 성공을 거두게 될 것이라고 확신하게 되었습니다.

1) 핵심 기능 3가지

프리폼은 이름에서 알 수 있듯이 자신의 아이디어를 자유롭게 창작하고 표현할 수 있는 도구입니다. 팀원들이 한 공간에서 함께 작업을 해나가며 집단지성이 반영된 아이디어를 도출할 수 있습니다. (아이패드와 아이폰에서 가능)

(1) 내가 구상하는 프로젝트를 스케치하고 아이디어를 보드에 마음껏 구상할 수 있습니다.

(2) 보드 아무 곳에나 미디어, 파일, 링크, 텍스트 등을 추가할 수 있습니다.

(3) 다른 사람을 보드에 초대하고 실시간으로 함께 아이디어를 나누고 만들어 나갈 수 있습니다.

2) 사용법

(1) 오른쪽 상단 아이콘을 클릭합니다.

(2) 보드에 동영상, 사진, 그림, text를 마음껏 넣은 후 관련된
아이디어는 선으로 연결합니다.

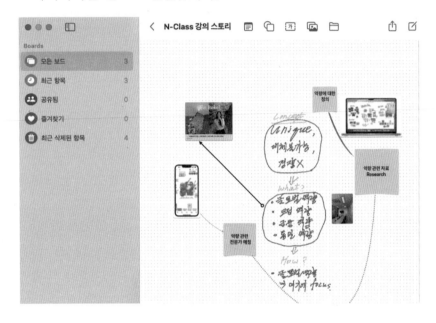

(3) 다른 사람과의 공유는 오른쪽 상단 공유 아이콘을 클릭하면 바로 연결됩니다.

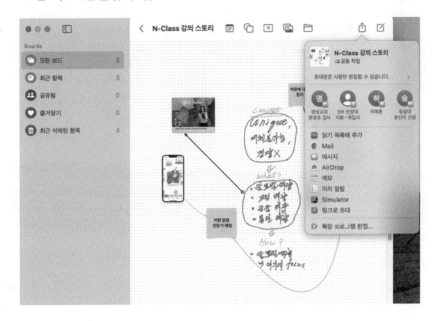

※ 프리폼 사용법을 더 알고 싶다면, QR코드를 활용하세요.

 출처: 잇츠 오케이 Youtube

조직을 하나로 모으는 도구 - 슬랙(Slack)

Joshua는 항상 자신의 회사를 시작하는 꿈을 꾸었습니다. 그리고 이제 스타트업의 젊은 사장이 되었고 기업을 성공시키기로 결심했습니다. 회사 운영을 시작하면서 그는 커뮤니케이션과 협업이 목표 달성에 핵심이 된다는 것을 금방 깨달았습니다.

그래서 그는 조직에 슬랙Slack을 도입하기로 결정했습니다. 그는 실리콘 밸리의 다른 회사들로부터 슬랙이 커뮤니케이션과 협업을 위한 강력한 도구라는 말을 들었고, 그것이 그의 팀에도 효과가 있는지 알고 싶어 했습니다.

처음에는 새로운 앱에 대해 약간의 저항이 있었습니다. 일부 직원은 이메일 또는 기타 메시징 앱을 사용하는 데 익숙했으며 새로운 것으로 전환하고 싶은지 확신하지 못했습니다. 하지만 Joshua는 직원들에게 시도해 보라고 격려했습니다.

슬랙을 사용하기 시작하면서 이 앱이 얼마나 강력한지 금방 깨달았습니다. 그들은 디자인, 개발, 마케팅 등 새 프로젝트의 다양한 측면에 대해 서로 다른 채널을 만들었습니다. 그들은 쉽게 파일을 공유하고 문서에서 공동 작업을 할 수 있었고 알림을 통해 모든 사람이 계속 소식을 접할 수 있었습니다.

커뮤니케이션과 협업이 향상되면서 업무의 질도 높아졌습니다. 그들은 더 빠른 속도와 효율성으로 새 프로젝트를 진행할 수 있었습니다. 아이디어가 더 자유롭게 흘러갔고 팀은 프로젝트의 가장 어려운 측면에서도 진전을 이룰 수 있었습니다.

프로젝트가 끝나갈 무렵 Joshua는 그들이 성취한 것을 되돌아보았습니다. 그들은 새 제품을 제시간에 성공적으로 전달했으며 큰 성공을 거두었습니다. 직원들은 원활하게 협력했으며 모두가 프로젝트 성공에 중요한 역할을 했습니다.

Joshua는 슬랙이 성공에 중요한 역할을 했다는 것을 알고 있었습니다. 팀을 하나로 모으고, 커뮤니케이션과 협업을 가능하게 하고, 목표를 달성하는 데 도움을 주었습니다. 그리고 스타트업이 계속 성장하고 새로운 프로젝트를 수행함에 따라 Joshua는 슬랙이 지속적인 성공을 위한 필수 도구가 될 것임을 알았습니다.

1) 핵심 기능 3가지

슬랙은 한 곳에서 소통하고 협업할 수 있는 팀용 대화형 앱입니다. 개인에게 카카오톡이 있다면 팀에는 슬랙이 있다고 할 수 있습니다. 오픈 카톡방처럼 원하는 채널을 만들고 각 채널에 원하는 멤버를 초대해서 함께 대화를 나누고, 파일을 공유하고, 프로젝트에서 함께 작업할 수 있는 가상 사무실과 같습니다. 우리 팀이나 우리 회사뿐만 아니라 타 회사 사람들도 초대해서 함께 프로젝트를 수행할 수 있습니다.

이메일을 주고받는 대신 슬랙을 사용하여 팀과 실시간 대화를 나눌 수 있습니다. 이를 통해 시간을 아낄 수 있습니다. 마케팅을 위한 채널, 디자인을 위한 채널 등 다양한 주제로 서로 다른 채널을 만들 수 있습니다. 이렇게 하면 모든 사람이 같은 정보를 공유하고 보다 효율적으로 커뮤니케이션할 수 있습니다.

슬랙을 사용하면 문서나 이미지와 같은 파일을 팀과 쉽게 공유할 수 있습니다. 구글 드라이브 또는 Trello 같은 도구와 통합하여 공동 작업을 더욱 쉽게 할 수도 있습니다.

슬랙은 소규모 신생 기업에서 대기업에 이르기까지 모든 종류의 비즈니스 및 조직에서 사용됩니다. 모든 사람이 연결되어 있고 동일한 정보를 공유할 수 있기 때문에 서로 다른 위치에서 작업하는 원격 팀에게 특히 유용합니다.

일하는 장소와 시간대가 달라도 모두가 같은 목표를 향해 힘을 모으게 되고 성공을 향해 나아가는 슬랙은 미래의 업무가 이루어지는 곳입니다.

(1) 슬랙의 가장 큰 장점은 검색입니다. 메시지별, 파일별, 채널별, 사람별로 구분 가능합니다. 내가 원하는 것을 빠르고 정확하게 찾을 수 있습니다.

(2) 기존의 업무 앱(노션, 구글 캘린더, 아사나 등)과의 연동이 편리합니다. 이를 통해 앱 간 이동시간을 줄여줍니다.

(3) 슬랙에는 허들(자체적인 온라인 통화 기능)이 있습니다.

Zoom과 같이 음성, 화상, 화면 공유 모두 가능합니다.

2) 사용법

(1) slack.com에서 계정을 만듭니다. 구글 계정이 있으면 구글로 접속합니다. 구글 아이디와 연동이 되어 있어 별도의 회원가입 없이 접속할 수 있습니다.

slack

먼저 이메일부터 입력해 보세요

직장에서 사용하는 이메일 주소로 로그인하는 걸 추천드려요.

name@work-email.com

계속

또는

G Google로 계속

 Apple로 계속

이미 Slack을 사용하고 있나요?
기존 워크스페이스에 로그인

(2) 접속 후 왼쪽 메뉴에 채널, 다이렉트메시지, 앱 카테고리가 나오는데, 채널 추가를 통해 오픈 대화방을 만들 수 있습니다. 예를 들어 notice라는 채널을 통해 우리 프로젝트의 공지사

항을, Q&A 채널에서는 프로젝트에 대한 질의 응답을, free-talk 채널에서는 자유로운 대화를 나눌 수 있습니다.

(3) 왼쪽 메뉴에 있는 다이렉트 메시지DM를 통해 특정 팀원과 1:1 대화가 가능합니다.

(4) 중앙 상단에 있는 검색창을 통해 특정 메시지, 파일, 문서 등을 바로 찾을 수 있습니다.

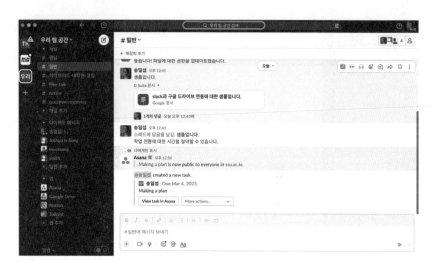

(5) 채널의 대화창에 "/"를 입력하면 연동되는 앱이 나옵니다. 예를 들어 구글 드라이브를 선택하면 바로 구글 문서를 작성할 수 있습니다. 새로운 앱으로의 전환 시간을 질약할 수 있습니다.

(6) Zoom과 같은 영상회의가 가능한 "허들"이 있습니다.

※ 슬랙 사용법을 더 알고 싶다면, QR코드를 활용하세요.

 출처: 동빈나 Youtube

회사 홈페이지를 빠르고
효과적으로 구축 – 노션, 우피(Oopy)

Mike는 이제 막 새로운 신생 회사를 시작하려 하고 있습니다. 회사가 온라인에서 입지를 구축하려면 웹 사이트를 갖는 것이 중요하다는 것을 그는 잘 알고 있었습니다. 그러나 웹사이트 구축에 비용과 시간이 많이 소요된다는 것도 알고 있었습니다. 어느 날 유튜브를 보다가 웹사이트를 빠르고 저렴하게 만드는 데 도움이 되는 두 가지 서비스인 노션과 우피Oopy를 발견하게 되었습니다.

Mike는 노션의 템플릿을 사용하여 홈페이지에 필요한 내용을 쉽게 작성할 수 있었습니다. 그는 회사의 사명, 비전 및 핵심 가치에 대한 페이지와 각 직원의 직위 및 프로필 그리고 담당하는 일 등에 대한 페이지를 하루 만에 만들었습니다. 또한 Mike는 노션을 사용하여 이미지 및 동영상과 같은 멀티미디어 콘텐츠를 추가하여 웹사이트를 더욱 흥미롭고 유익하게 만들 수 있었습니다.

하지만 Mike는 단지 홈페이지를 만드는 것뿐 아니라 회사에 도움이 되는 웹사이트를 원했습니다. 그래서 웹사이트 최적화를 전문으로 하는 서비스인 우피를 선택하여 효과를 극대화하고자 하였습니다.

우피를 통해 회사의 홈페이지는 SEOSearch Engine Optimization, 검색엔진에서 내 글이 잘 발견될 수 있도록 조정하는 작업 친화적으로 빠른 로드 시간에 최적화되었습니다. 그는 회사 브랜드에 맞게 디자인을 쉽게 맞춤화하여 회사의 홈페이지를 세련되고 전문적인 느낌으로 만들 수 있었습니다.

노션과 우피의 조합 덕분에 Mike는 회사의 사명과 가치뿐만 아니라 그의 비즈니스가 온라인에서 돋보이도록 했습니다. 그리고 콘텐츠는 모두 노션을 통해 관리되었기 때문에 Mike는 회사의 성장에 따라 쉽게 웹사이트를 최신 상태로 유지할 수 있었습니다. 회사의 비즈니스나 직원 역할이 변경되면 노션에서 콘텐츠를 신속하게 업데이트할 수 있었고 이는 바로 홈페이지에 반영되었습니다. Mike는 홈페이지 구축이 조직에 귀중한 자산이 될 것임을 확인하게 되었습니다.

1) 핵심 기능 3가지

노션과 우피의 조합은 가장 훌륭한 홈페이지 제작 방법입니다. 특히 스타트업에서 가장 인기 있는 홈페이지 구축 방법입니다. 홈페이지는 인터넷 명함으로 불립니다. 그래서 조직의 미션과 목적, 직원들의 프로필 및 담당업무, 수행 프로젝트 소개 등을 한번에 볼 수 있습니다.

회사뿐 아니라 소규모 센터 및 재단, 그리고 팀 단위까지도 노션과 우피를 통해 가장 빠르고 간결하게 홈페이지를 구축할 수 있습니다. 팀의 경우는 노션만으로 홈페이지를 반나절 만에 만들 수 있습니다.

팀의 홈페이지를 통해 팀의 정체성을 정확하게 드러낼 수 있고, 팀원들의 소개를 통해 소속감을 높일 수 있습니다. 또한 팀의 문화를 들여다볼 수 있는 창이 됩니다.

(1) 노션 템플릿은 가장 쉽고 빠르게 홈페이지를 만들 수 있는 방법입니다.
- 노션에 있는 템플릿을 사용하거나 Naver에서 "노션 홈페이지 템플릿"으로 검색

(2) 우리 조직 혹은 팀에 대한 소개 및 팀원 모집 등 외부 공지를 링크를 통해 알릴 수 있습니다.

(3) 노션을 활용한 홈페이지를 업그레이드하고 싶으면 우피를 활용하면 됩니다.

2) 사용법

(1) 노션 홈페이지 템플릿을 가져옵니다.(복제)

(2) 우피를 활용하기 위해서는 홈페이지 웹 링크를 복사합니다.

3) 우피 홈페이지(www.oopy.io) 접속 후 복사한 주소를 넣어줍니다.

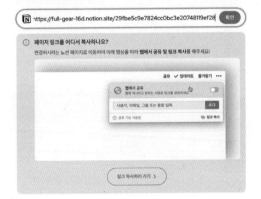

※ 노션 & 우피 사용법을 더 알고 싶다면, QR코드를 활용하세요.

 출처: 우피 Youtube

탁월한 프로젝트 관리 도구 – 아사나(Asana)

새로운 회사에 입사한 나는 곧바로 어려운 프로젝트를 담당하게 되었습니다. 프로젝트를 위해 소개받은 아사나Asana는 업무 관리를 위한 앱으로, 프로젝트 관리, 일정 배정, 업무 분담 등 다양한 기능을 가지고 있다는 것을 알게 되었습니다.

아사나를 사용하기 전에는 구글 스프레드시트와 같은 앱을 사용하여 업무를 관리했으나 매우 비효율적이었습니다. 다행히 아사나는 쉽게 구성되어 있어서 이전에 프로젝트 관리 툴을 한 번도 사용해보지 않은 사람도 바로 시작할 수 있었습니다. Trello나 노션을 사용할 수도 있지만 아사나는 사용자 친화적인 도구 중에서도 끝판왕이었습니다.

아사나를 사용한 첫 프로젝트에서 나는 이전에 있던 문제들을 해결할 수 있었습니다. 아사나를 통해 모든 업무를 관리하고, 각 팀원들의 작업 진행 상황도 실시간으로 확인할 수 있었습니다. 이전에는 미묘하게 얽혀 있던 업무들이 아사나를 통해 명확히 정리되었고, 팀원들과의 의사소통도 원활해졌습니다. 또한 아사나의 '마감일'과 '우선순위' 기능을 활용하여, 모든 업무를 시간에 맞춰 완료할 수 있었습니다.

결국, 이번 프로젝트는 예상보다 일찍 마무리되었습니다. 아사나는 팀원들 간의 업무 할당 및 진행 상황을 실시간으로 확인할 수 있어, 팀원들의 업무 수행 능력을 높이는 데 큰 도움이 되었습니다. 또한, 아사나를 통해 팀원들 간의 의견 교환도 원활하게 이루어졌습니다.

아사나를 사용하면서 프로젝트의 전반적인 관리가 용이해졌습니다. 아사나는 업무 분담, 일정 관리, 파일 공유 등의 기능을 지원하여, 프로젝트 전체를 효과적으로 관리할 수 있었습니다. 이를 통해, 프로젝트의 진행 상황을 빠르게 파악하고, 문제가 발생할 경우 즉각적으로 대처할 수 있었습니다.

아사나를 사용하면서 가장 큰 변화는 나의 업무 습관이 바뀌었다는 것입니다. 이전에는 각종 알림, 이메일, 메신저 등으로 바쁜 일정을 소화하면서 작업을 진행했습니다. 그러나 아사나를 사용하면서, 모든 업무를 한 플랫폼에서 관리하면서 진행할 수 있게 되었습니다. 이를 통해, 이전보다 효율적으로 업무를 처리할 수 있게 되었고, 업무 스트레스도 줄일 수 있었습니다.

결론적으로, 아사나를 사용함으로써, 나는 프로젝트 리더로서 업무를 효과적으로 관리할 수 있었고, 팀원들과의 협업 능력도 향상시킬 수 있었습니다. 아사나를 아직 사용하지 않는 회사나 팀이 있다면, 적극 추천하고 싶습니다.

1) 핵심 기능 3가지

아사나는 팀의 프로젝트 관리와 업무 조직을 도와주는 앱입니다. 이 앱은 팀원 간의 협력, 효율적인 일정 관리, 업무 진행 상황 추적을 지원합니다. 또한 효율적인 업무 조직 및 관리에 필요한 다양한 기능들을 제공합니다. 이를 효율적으로 활용하면 프로젝트를 성공적으로 완수할 수 있습니다.

(1) 아사나의 핵심 기능 중 하나는 태스크 목록입니다.
태스크 목록을 사용하면 각각의 팀원이 자신이 맡은 업무를 쉽게 파악할 수 있습니다. 또한 태스크 목록에서는 각각의 태스크에 대한 세부 정보와 기한 등을 설정할 수 있습니다.

(2) 칸반보드를 통해 프로젝트를 진행 상황별로 한눈에 파악할 수 있습니다.

칸반보드를 활용하면 프로젝트의 각 단계에 맞게 태스크를 나누어 관리할 수 있습니다. 칸반보드는 프로젝트 각각의 단계를 표시하고, 태스크를 해당 단계에 맞게 이동시키면서 진행 상황을 체크할 수 있습니다. 진행 상황을 보고서 형태로 작성하는 기능도 있습니다.

(3) 팀원 간의 협력을 위한 다양한 기능을 제공합니다.

코멘트 기능을 통해 팀원들끼리 의견을 공유하거나 질문을 하고 답변을 받을 수 있으며, 업무를 할당하거나 프로젝트의 진행 상황을 공유하는 기능도 제공됩니다.

2) 사용법

(1) 데스크 목록을 보면 프로젝트의 모든 것이 보입니다.

(2) 칸반보드에서 할 일/수행 중/완료 등으로 프로젝트 전체 상황을 파악할 수 있습니다. 해야 할 일의 각 담당자는 누구이고, 언제까지 해야 하는지 모두 기록되어 있습니다.

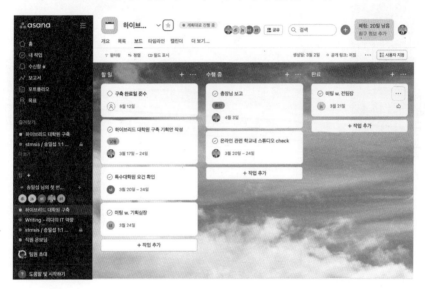

(3) 프로젝트 진행 상황에 대해 자동으로 보고서가 만들어집니다.

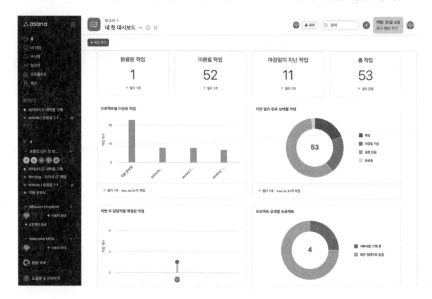

(4) 업무 리스트업과 워크플로워가 하나로 정리된 것이 아사나
입니다.

※ 아사나 사용법을 더 알고 싶다면, QR코드를 활용하세요.

 출처: 어머 Youtube

조직 이슈를 해결하는 힘
- OST(Open Space Technology) 워크숍 기법

우리는 조직의 정체성에 대해 고민합니다. 특히 신규 조직의 경우 전략 방향을 잡는 것이 최우선 과제입니다. 새롭게 조직을 맡게 되면 리더는 조직의 전략 방향을 Top Down으로 부여받기도 하지만, Bottom Up 방식으로 세워야 하기도 합니다. 이럴 때 어디서부터 시작해야 할지, 누구와 의논해야 할지 막막합니다. 이럴 때 사용하기 좋은 것이 바로 OST Open Space Technology 워크숍 기법입니다.

OST는 조직의 전략 수립과 조직 내부의 문제 해결에 탁월한 역할을 하는 도구입니다. IT 툴은 아니지만 이 방법을 사용하면 전체 조직 구성원들이 다 함께 토론하고, 자유롭게 아이디어를 제시하여 조직의 성장과 발전에 큰 도움이 됩니다.

OST는 1985년 Harrison Owen이 개발한 일종의 워크숍 방법, 회의 기법이라고 할 수 있습니다. 효율적인 소통을 위한 자유로운 토론방식으로 전 세계 140개국에서 10만 번 이상 활용되었습니다. 대상은 5명에서 2,000명까지 가능합니다.

회의 시간보다 끝나고 담배필 때 더 좋은 아이디어가 나오던데요~

문제는 다들 알고 있지만 회의 시간에 꺼내기가 어디 쉬운 일인가요. 아무도 말하지 않던걸요~

교육에서 제일 좋았던 부분은... 쉬는 시간이 많아서 좋았어요! 일찍 끝나는 것도 좋구요.

출처: KOOFA 쿠퍼실리테이션그룹

엄격하고 진지한 분위기의 회의시간보다는 Coffee Break time에 생산적이고 실용적인 아이디어 더 많이 나오는 경험을 해 본 적이 있을 것입니다. 사람들은 정해진 틀이나 구조화된 상황에서 통제받는다는 느낌을 많이 가집니다. 그래서 OST는 Coffe Break time과 같이 자유롭고 편안한 공간에서 허심탄회하게 이야기할 수 있는 분위기와 환경을 만들어주는 워크숍 기법입니다.

누구든 자유롭게 이야기할 수 있는 환경을 만들어 줍니다. 정해진 시간은 없습니다. 1시간에 마칠 수 있고 5시간까지도 갈 수 있습니다. 자유롭게 날아다니는 나비처럼 워크숍에 참석하지 않고 워크숍 장소 밖에서 시간을 보낼 수도 있습니다. 누구도 터치하지 않습니다.

사진 출처: Unsplash의Brooke Cagle

확실한 것은 OST를 통해 나온 집단지성의 결과가 훌륭하다는 사실입니다. 지금까지 수십 번의 실행을 통해, 그리고 최근에 제가 외부 포럼에서 OST를 진행했을 때도 가장 많은 호응과 최고의 만족도를 얻었습니다.

1) 사용법

출처: KOOFA 쿠퍼실리테이션그룹

(1) 이슈 발제

예를 들어 팀의 새로운 전략 방향(목표)을 찾는 것이 미션이라면 이렇게 이슈를 제시합니다. "새로운 길을 개척해야 하는 우리 Cloud Vision 팀은 앞으로 어떤 먹거리를 찾아야 할까?"라고 큰 Agenda를 제시합니다. 참여한 구성원들은 Agenda에 관련된 이슈를 제시합니다.

STEP 1. 이슈 발제

1) 각자 '토의'하고 싶은 주제를 적어주세요.
2) 자신이 적은 주제를 간략히 소개해주세요.
3) 함께 논의할 주제를 선정합니다.

(2) 이슈방(소그룹방) 개설

각 방의 이슈를 이끌고 논의를 진행할 방장과 서기를 스스로 선출하여 대화 및 토론을 준비합니다.

STEP 2. 이슈방 개설

이슈방 선택

- 토의하고 싶은 주제(이슈) 확인 및 선택하기
- 한 곳에 5명 이하로 모이기
- 필요한 경우 언제든 이동 가능

필요한 경우 하단의 '도움 요청' 버튼을!	진행안내를 위해 상단의 파란 메시지 눈여겨 보기

(3) 소그룹방에서 대화와 토론 진행

각 이슈에 대해 고민하거나 알고 있는 내용을 자유롭게 논의됩니다. 각각의 소그룹방을 돌아다니며 자유롭게 의견을 제시하고 다른 방으로 언제든지 이동할 수 있습니다.

STEP 3. 대화 및 토론

방장
- 토의 주제를 <u>발제한</u> 사람으로서 주제를 가지고 토의 진행하기
- 서기 선출 후 발제안을 적고 토의 내용 기술하기
- 토의를 마치고 전체 공유 시 내용 발표하기

서기
- 노트북으로 기록이 가능하고 봉사 정신이 투철한 분 지원!
- 서기가 이동할 경우 역할 위임 후 이동하기

(4) 토의 결과 정리

각 소그룹방에서 논의한 내용을 이젤패드에 정리하고, 정리된 내용을 벽에 바로 붙이게 됩니다. 실천 가능한 의견을 항목 형태로 정리합니다.

- 토의 내용 및 토의 결과 정리

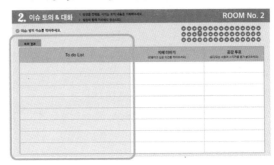

(5) 토의 결과 공유

각 소그룹방 방장은 논의된 내용을 발표하는 시간을 가지게 되고, 논의 내용을 공유받은 모든 구성원들은 정리되어 벽에 걸린 내용에서 가장 공감이 가며, 실행 가능한 항목에 투표하면 됩니다.

STEP 5. 토의 결과 공유

- 방장님은 이슈(주제) 별로 논의한 내용을 팀원들에게 소개해주세요.
- 들으면서 궁금한 점이나 덧붙이고 싶은 아이디어가 있다면 채팅창이나 보드에 함께 적어주세요.

- 가장 공감가는 내용에 👍 ' 스티커를 붙여주세요.

※ OST를 더 알고 싶다면, QR코드를 활용하세요.

출처: Inspect & Adapt Ltd Youtube

"리더십의 성공 여부는 권위가 아닌 영향력에 달려 있다."(The key to successful leadership is influence, not authority.)

– 켄 블랜차드(Kenneth H. Blanchard)

3장
자기관리력

-

리더의 자기관리
능력도 실력이다

리더의 능력이 되는
To do list 관리법 - 투두이스트(Todoist)

강 팀장은 그동안 10명 미만의 직원으로 구성된 작은 조직을 맡으면서 본인의 역량을 유감없이 발휘하였습니다. 전략적 비전과 강한 실행력으로 팀의 성과를 크게 성장시켰습니다. 3년간의 땀의 결실로 올해는 30명의 인원과 3명의 파트장을 가진 큰 조직을 담당할 기회를 얻었습니다.

그러나 지금까지와는 달리 확실히 벅차다는 느낌이 들었습니다. 각 파트는 여러 위치에 분산되어 있으며 각각 고유한 문제와 요구사항이 있었습니다. 각 파트장을 통해 관리하고는 있지만 결국에는 본인이 모든 프로젝트를 끝까지 챙겨야 하는 상황이었습니다. 이뿐만 아니라 회사에서 챙겨야 하는 것이 많아지니, 개인 생활까지도 영향을 받게 되었습니다.

 강 팀장은 소규모 조직을 이끌었던 방법으로는 큰 조직을 관리할 수 없다고 생각하게 되었습니다. 먼저 본인의 To Do List를 효과적으로 관리하기 위해 그동안 수첩을 통해 아날로그 방식으로 관리하던 것을 디지털로 바꾸기로 했습니다. 전 세계에서 가장 효과적인 To do List 관리용 디지털 도구에는 무엇이 있는지 장안의 화제인 ChatGPT에게 물어보았습니다.

 "내 할 일을 관리하기 위해서 가장 좋은 앱이 무엇인지 알려줘." 라고 물어보자 ChatGPT는 전 세계 1위의 To Do List 앱은 "투두이스트todoist"라고 알려주었고, 강 팀장은 즉시 앱을 다운받아 쓰기 시작했습니다. 강 팀장은 자신의 개인적인 생활과 조직 관리를 위해 투두이스트 앱이 강력한 도구가 될 수 있다는 것을 금방 알게 되었습니다. 투두이스트를 통해 매일 해야 할 일을 언제 어디서든 적고, 적은 내용은 자동으로 구글 캘린더, 애플 캘린더에 기록이 되어 잊지 않고 팀 전체 진행 상황을 추적하며 모든 사람이 동일한 목표를 향해 노력하고 있는지 확인할 수 있었습니다.

 예를 들어, 강 팀장은 프로젝트를 진행할 때 작업이 할당되고 추적되는 방식이 비효율적임을 알게 되었습니다. 일부 작업은 구두로, 다른 작업은 이메일을 통해 할당되는 등 엉망이었습니다. 그러나 투두이스트를 통해 해야 할 일과 일정을 한번에 통합할 수 있었습니다. 그는 각 파트장과 팀원들에게 투두이스트 사용법을 알려주고 파트장으로 하여금 특정 개인에게도 작업을 할당하고 기한과 우선순위를 설정하도록 했습니다.

결과는 엄청났습니다. 불과 몇 주 만에 강 팀장은 팀원들의 작업 방식이 눈에 띄게 개선되는 것을 확인할 수 있었습니다. 그들은 더 조직적이고 효율적이며 생산적이 되었습니다. 그리고 투두이스트는 진행 상황을 실시간으로 추적할 수 있기 때문에 적시에 피드백을 제공하고 필요에 따라 조정할 수 있었습니다.

혁신적인 투두이스트의 사용 덕분에 강 팀장은 가정과 회사 생활에서 모두 만족하였고, 가족과 팀원들의 인정도 받을 수 있었습니다.

1) 핵심 기능 3가지

투두이스트 앱을 사용하면 일정을 쉽게 관리할 수 있습니다. 할 일 목록을 간편하게 작성하고, 관리할 수 있으며, 시간 관리도 효율적으로 할 수 있습니다.

투두이스트는 할 일 목록을 쉽게 작성할 수 있도록 입력하기 쉬운 인터페이스를 제공합니다. 할 일 목록을 작성하면서 라벨링과 우선순위를 설정할 수 있습니다. 이를 통해 중요한 일정을 우선적으로 확인하고 처리할 수 있습니다. 간단한 정보는 쉽게 메모로 추가할 수 있습니다.

투두이스트에서는 알림 기능을 제공합니다. 마감일 기반으로 알림을 설정하여, 중요한 일정을 놓치지 않도록 도와줍니다. 마감일이 가까워질수록 우선순위가 높아지도록 설정할 수 있어, 일정 관리의 효율성을 높일 수 있습니다. 알림 메시지로 일정을 빠르게 확인할 수 있어, 일정 관리의 불필요한 스트레스를 줄일 수 있습니다.

투두이스트에서는 목록을 공유하여 다른 사람과 함께 일정을 관리할 수 있습니다. 이를 통해 팀 프로젝트나 가족 간 스케줄 관리 등 다양한 상황에서 유용하게 사용할 수 있습니다. 공유한 목록의 업데이트도 간편하고 실시간으로 반영되기 때문에, 누구나 일정을 쉽게 파악할 수 있습니다. 공유한 목록에서 어떤 일정을 완료했는지 확인할 수 있어, 팀원 간의 협업도 원활해집니다.

(1) 해야 할 일과 아이디어가 생각나면 휴대폰의 투두이스트 앱을 열고 우선 적습니다. 내용은 관리함Inbox에 먼저 들어갑니다.

(2) 해야 할 일을 기록하면서 날짜를 선택하면 자동으로 구글 캘린더, 애플 캘린더와 연동이 됩니다.

- 예전에는 해야 할 일을 앱에 적고, 일정은 각 캘린더에 따로 따로 적어야 하는 불편함이 있었지만 투두이스트에 적으면 자동으로 일정에 반영됩니다.

(3) 투두이스트의 다양한 템플릿을 사용합니다.

- 예를 들어 건강, 미팅, 블로그 게시물, 영어학습, 홍보이벤트 기획 등 to do list가 필요한 많은 템플릿이 준비되어 있습니다. 앱의 기능을 익히기보다는 무조건 내가 하고 싶어 하는 템플릿을 불러와서 그 위에 작성하면 가장 빠르게 앱을 익힐 수 있습니다.

2) 사용법

(1) 오른쪽 상단 "+"(작업 추가)를 클릭하고 해야 할 일을 적으면 관리함In-box에 들어갑니다.

(2) 왼쪽 메뉴에 있는 "환영합니다"를 클릭하고 오른쪽 "참고" 세션에 있는 "템플릿과 함께 프로젝트를 시작하세요"를 클릭합니다.

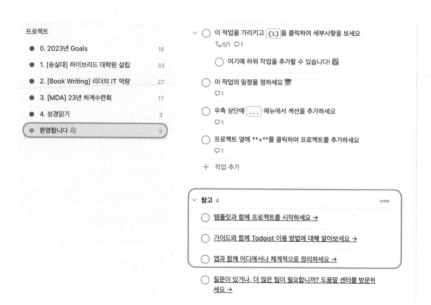

(3) 원하는 템플릿을 선택해서 사용할 수 있습니다.

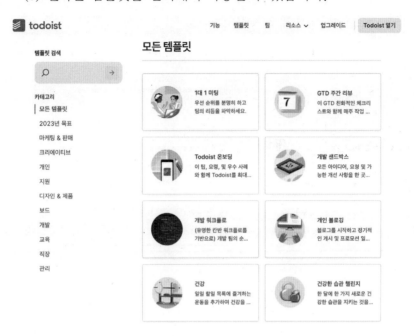

(4) 프로젝트에 작업을 추가하기 위해서는 "+작업 추가" 버튼을 클릭하고 내용을 작성합니다.

(5) 작업 추가를 하면서 날짜를 지정하면 구글 캘린더, 애플 캘린더에 자동으로 반영됩니다.

(6) 투두이스트에서는 목록 혹은 보드 형태로 볼 수 있습니다.

Tip. 투두이스트의 할 일이 자동으로

구글 캘린더에 기록되게 하는 설정 방법

오른쪽 상단 사용자 클릭 → 설정 → 통합 → 캘린더 연결

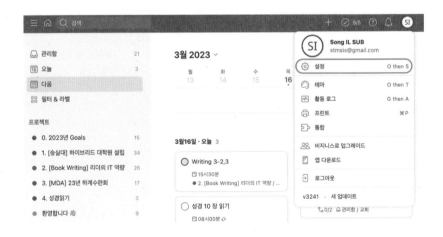

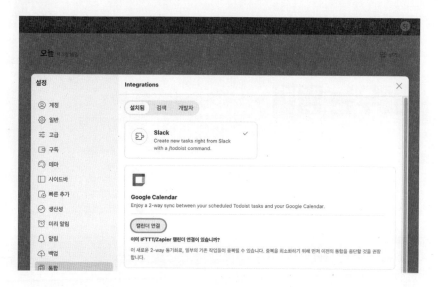

투두이스트와 구글 캘린더 쌍방향으로 동기화가 되며, 애플 캘린더도 추가 가능합니다.

※ 투두이스트 사용법을 더 알고 싶다면, QR코드를 활용하세요.

 출처: todoist Youtube

AI 선생님에게 배우는 영어 - 스픽(Speak) AI 튜터

정 부장은 늘 유럽 본부장이 꿈이었습니다. 뛰어난 영어 회화 실력이 필요한 자리라는 걸 알고 있었지만 아쉽게도 회사에 다니면서 영어 학원을 다닐 기회가 없었습니다. 망설이고만 있던 그는 이제 이 문제를 해결하기로 결심했습니다.

그러던 어느 날 마침내 모든 것을 바꿔놓은 해결책을 유튜브에서 발견했습니다. 바로 "스픽Speak"이라는 영어회화 앱이었습니다. 그는 앱의 기능에 흥미를 느끼고 한번 사용해 보기로 결정했습니다. 그는 앱이 사용하기 쉽고 다양한 영어 회화 연습 방법을 제공한다는 사실에 놀랐습니다.

정 부장의 눈길을 끈 것은 새로 도입된 스픽의 AI 튜터 기능이었습니다. 이 기능을 통해 그는 언제 어디서나 원어민과 대화 기술을 연습할 수 있었습니다. 손끝에 개인 영어 선생님이 있는 것과 같았습니다.

정 부장은 AI 튜터와 함께 영어 회화 실력을 연습하며 저녁 시간을 보냈고 실력이 향상되기 시작했습니다. 그는 영어로 의사소통하는 능력에 자신감을 얻었고 유럽 디비전의 책임자가 될 가능성에 대해 더 낙관적으로 느끼기 시작했습니다.

몇 달이 흘렀고 마침내 정 부장이 기다리던 기회가 찾아왔습니다. 유럽 디비전에 자리가 생겼다는 소식을 듣고 바로 지원했습니다. 그는 향상된 영어 회화 실력으로 상사들에게 깊은 인상을 남기며 인터뷰에서 1등을 했고 일자리를 제안 받았습니다.

정 부장은 스픽의 도움 없이는 자신의 꿈을 이룰 수 없다는 것을 알고 있었습니다. 그는 성공에 필요한 자신감과 기술을 제공한 스픽의 혁신적인 AI 튜터 기능에 감사했습니다. 또한 AI 튜터를 통해 자신의 목표를 달성하고 경력의 새로운 정점에 도달할 수 있는 경험을 하면서 이제는 AI가 우리 삶에 깊숙이 다가왔다는 사실을 실감할 수 있었습니다.

1) 핵심 기능 3가지

스픽은 사용자의 영어 능력 향상을 돕기 위해 다양한 기능을 제공하는 혁신적인 언어 회화 학습 앱입니다. 초보자이든 고급 학습자이든 상관없이 언어 학습 목표를 달성하는 데 도움이 되는 개인화된 학습 경험을 제공합니다. 특히 최근에 화두가 되고 있는 AI 기능을 일찍 도입해서 AI와 프리토킹을 할 수 있어 학습자들에게 화제가 되기도 했습니다. 앱을 실행해서 바로 회화 연습이 가능하므로 스피킹 노출 시간을 증가시킬 수 있습니다. AI 튜터를 통해 원어민과 대화 시 생기는 부담감, 공포감, 두려움 없이 스피킹이 가능합니다. 그래서 실제 원어민을 만났을 때 훨씬 많은 자신감을 가지고 수월하게 대화가 가능합니다.

(1) AI 튜터 기능은 무조건 사용해야 합니다.

AI 튜터 기능을 통해 사용자는 언제 어디서나 원어민과 함께 언어를 연습할 수 있습니다. 고급 기술로 실제 사람과의 대화를 시뮬레이션하여 사용자가 자연스러운 방식으로 말하기 및 듣기 기술을 연습할 수 있는 기회를 제공합니다.

(2) 광범위한 주제를 다루는 다양한 대화형 수업을 제공합니다.

수업은 게임, 퀴즈 및 기타 대화형 요소를 사용하여 동기를 부여하고 참여를 유도하는 등 재미있고 흥미진진하게 설계되었습니다.

(3) 학습한 결과 보고서를 보여주고 리뷰할 수 있습니다.

이 앱은 사용자에게 시간 경과에 따른 성과를 추적하는 상세한 진행 보고서를 제공합니다. 이 기능을 통해 사용자는 자신이 얼마나 향상되었는지 확인하고 노력을 집중해야 하는 영역을 식별할 수 있습니다.

2) 사용법

(1) 스픽은 직접 구매해야 합니다. 비즈니스(실무 영어)를 선택하면 다음과 같은 화면이 나옵니다. 하단 메뉴에 있는 "AI 튜터"를 클릭합니다.

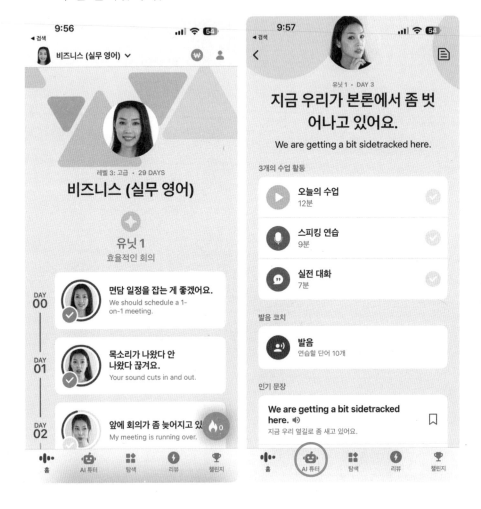

(2) 롤플레이는 주어진 미션을 수행하면서 역할을 해나가는 스피킹 연습이고, 고급은 자유로운 토픽으로 해나가는 롤플레이라고 생각하면 됩니다.

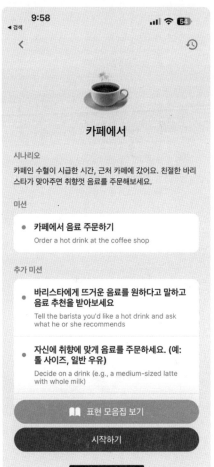

(3) AI와 대화를 시작합니다. 할 말이 생각나지 않으면 하단 메뉴의 오른쪽 전구 아이콘을 클릭하면 힌트가 나옵니다. AI 튜터의 말이 이해가 되지 않으면 번역 버튼을 클릭하면 됩니다.

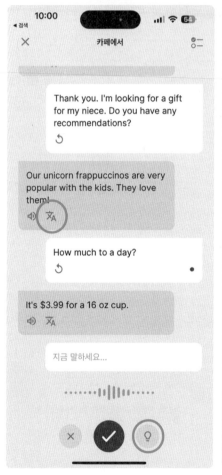
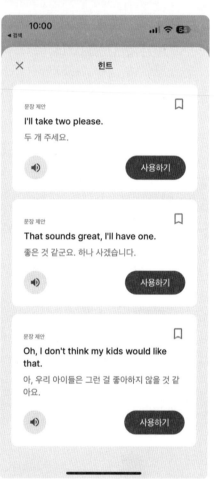

(4) AI 튜터와의 대화를 마치면 레슨 결과를 분석해줍니다.

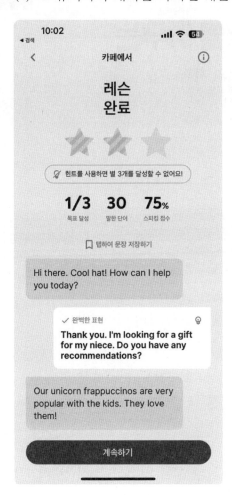

※ 스픽 사용법을 더 알고 싶다면, QR코드를 활용하세요.

출처: 킴벌리 UK Youtube

리더의 경쟁력을 키우는 독서 습관 - 밀리의 서재

ChatGPT 3.5와 노션 AI에게 다음과 같이 물어보았습니다.

"리더의 독서 습관이 조직을 이끌어 가는데 어떤 영향이 있는지 말해다오."

우선 ChatGPT 3.5 결과에 노션 AI의 어조 변경(친근하게) 기능을 적용했습니다. 다음은 ChatGPT 3.5+노션 AI가 대답한 내용입니다.

독서 습관을 가진 리더는 팀을 이끄는 데 매우 도움이 됩니다. 독서를 우선순위로 삼는 리더는 지식과 통찰력이 풍부하며, 팀과 더 잘 소통할 수 있습니다. 독서는 리더의 관점을 넓히고 다양한 각도에서 문제를 바라볼 수 있도록 도와줍니다.

이를 통해 더 많은 정보에 입각한 결정을 내리고 잠재적인 문제나 기회를 예측할 수 있습니다. 박식한 리더는 또한 팀이 직면할 수 있는 문제와 도전에 대해 더 깊이 이해하고 있기 때문에 팀에 지침과 지원을 제공할 수 있는 능력이 더 뛰어납니다.

게다가 독서는 리더의 의사소통 능력을 향상시키는 데 도움이 됩니다. 정기적으로 책을 읽는 리더는 다양한 어휘와 문장에 대해 더 정확하게 이해할 가능성이 높으며, 이를 통해 자신의 아이디어를 팀에 명확하고 효과적으로 전달하는 능력을 향상시킬 수 있습니다.

독서는 또한 리더가 자신의 팀을 더 잘 이해하고 공감하는 데 도움이 되는 다양한 관점과 경험에 노출되기 때문에 리더의 감성 지능을 향상시킬 수 있습니다.

독서는 리더에게 창의성과 혁신을 고취시킬 수 있습니다. 폭넓은 독서를 통해 리더는 자신의 리더십 스타일에 통합할 수 있는 새로운 아이디어와 접근 방식에 자신을 노출시킬 수 있습니다. 또한 이전에는 고려하지 않았던 문제를 해결하거나 팀을 관리하는 새로운 방법을 발견할 수도 있습니다.

결론적으로 독서 습관은 팀을 이끄는 *리더의 능력에 지대한 영향을 미칩니다.* 독서를 우선순위로 삼음으로써 리더는 지식을 확장하고 의사소통 능력을 향상시키며 자신과 팀의 창의성과 혁신을 촉진할 수 있습니다.

1) 핵심 기능 3가지

밀리의 서재는 책을 읽는 환경을 최적화해주는 다양한 기능들을 제공합니다. 밀리의 서재와 함께라면, 언제 어디서나 나만의 독서 공간을 가질 수 있고, 무한한 지식을 탐험할 수 있습니다. 회사와 가정의 바쁜 일상 속에서는 책을 읽기가 쉽지 않습니다. 그래서 밀리의 서재가 필요합니다. 밀리의 서재를 통해 언제 어디서든지 책을 읽을 수 있습니다.

전자책 앱 중 밀리의 서재는 다른 앱들과는 달리 책의 내용을 이해하기 좋게 보여주는 기능을 제공합니다. 예를 들어, 사용자가 책에서 이해하기 어려웠던 단어나 구절을 길게 누르면 바로 해당 단어나 구절에 대한 설명이 나오는데, 이 기능 덕분에 책 읽는 즐거움을 더욱 높일 수 있습니다. 또한 밀리의 서재에서는 다양한 장르의 책들을 읽으면서 새로운 지식과 경험을 쌓을 수 있습니다.

업무량이 많아지면 책을 읽을 수 있는 여유가 없어집니다. 이런 사람들을 위해 밀리의 서재에서는 오디오북 기능도 제공하는데, 출퇴근 시간에 이 기능을 이용해서 책을 들으며 시간을 활용할 수 있습니다.

(1) 밀리의 서재는 가성비가 아주 좋은 전자책 앱입니다. 월 만 원도 되지 않는 구독료로 12만 권의 책을 읽을 수 있습니다. 특히 스테디셀러가 많아서 양질의 독서를 할 수 있습니다.

(2) 검색어 순위를 통해 뽑은 관심 분야의 베스트셀러를 추천해 줍니다.

(3) 세상에서 가장 좋은 수면제(?)인 오디오북도 서비스합니다.

2) 사용법

(1) 밀리의 서재 계정을 만들고 로그인 합니다. 왼쪽 메뉴 중 검색 아이콘을 클릭합니다.

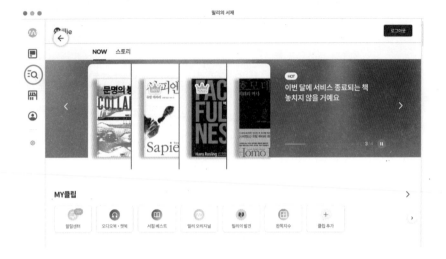

(2) 찾는 책을 입력합니다. "일하는 마음의 작동법"을 검색한
후 책이 검색되면 오른쪽 하단의 "바로 읽기"를 클릭합니다.

(3) 검색한 책은 내 서재에 자동으로 쏙 들어와 있습니다.

(4) 첫 접속 화면에서 스크롤을 조금 내리면 오디오북 플레이 리스트가 나옵니다.

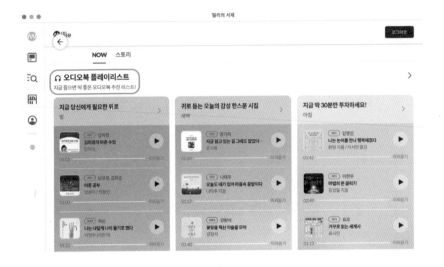

※ 밀리의 서재 사용법을 더 알고 싶다면, QR코드를 활용하세요.

 출저: 한주의 책이야기 Youtube

팀의 생산성을 높이는 리더의 지속 학습 - 케이무크(K-MOOC)

ChatGPT와 노션 AI에게 다음과 같이 물어보았습니다.

"리더는 왜 지속적인 학습이 필요한지 말해다오."

ChatGPT로 나온 결과에 노션 AI 의 어조 변경(자신감 있게) 기능을 적용했습니다. 다음은 ChatGPT+노션 AI가 대답한 내용입니다.

지속적인 학습은 여러 가지 이유로 리더에게 필수적입니다.

첫째, 리더의 역할은 팀이 조직 목표를 달성하도록 고무하고 안내하는 것입니다. 세상은 빠르게 변화하고 있으며 새로운 기술, 트렌드 및 정보가 끊임없이 등장하고 있습니다. 이렇게 변화하는 환경 속에서 리더는 지속적으로 학습하고 최신 상태를 유지함으로써 정보에 입각한 결정을 내리고 팀의 성과를 성취할 수 있습니다.

둘째, 지속적인 학습은 리더가 자신의 역량을 개발하고 다듬는 데 도움이 됩니다. 리더는 의사소통, 문제 해결, 의사 결정 및 감성 지능을 포함한 다양한 기술을 보유해야 합니다. 이러한 기술은 지속적인 학습을 통해 연마할 수 있으므로 리더는 자신의 역할을 보다 효과적이고 효율적으로 수행할 수 있습니다.

셋째, 지속적인 학습은 리더가 변화하는 환경에 적응하는 데 도움이 됩니다. 비즈니스 환경은 예측할 수 없으며 예기치 않은 문제는 언제든지 발생할 수 있습니다. 지속적으로 학습하는 리더는 이러한 도전에 대응하고 그에 따라 전략과 접근 방식을 조정할 수 있습니다.

넷째, 지속적인 학습은 팀에 긍정적인 모범이 됩니다. 리더가 자신의 성장과 발전에 헌신하는 모습을 보이면 팀원들이 이를 따르도록 고무됩니다. 또한 조직 내에서 학습 문화를 조성하여 혁신을 높이고 더 나은 문제 해결로 이어질 수 있습니다.

마지막으로 지속적인 학습은 리더가 성장 마인드셋을 유지하는 데 도움이 됩니다. 성장형 사고방식은 노력과 헌신을 통해 능력을 개발할 수 있다는 믿음입니다. 성장형 사고방식을 가진 리더는 피드백에 개방적이며 변화를 수용하고 위험을 감수할 가능성이 더 큽니다. 이러한 마음가짐은 개인 및 직업적 성장에 필수적이며 장기적으로 더 큰 성공으로 이어질 수 있습니다.

요약하면, 지속적인 학습은 리더의 역량을 개발하고, 변화하는 환경에 적응하고, 긍정적인 모범을 보이고, 성장 마인드셋을 유지하는 데 도움이 되기 때문에 리너에게 필수적입니다. 지속적인 학습에 전념함으로써 리더는 성과를 개선하고 팀의 생산성을 향상하며 조직 내에서 학습 문화를 조성할 수 있습니다.

1) 핵심 기능 3가지

케이무크(K-MOOC)는 한국 정부가 운영하는 무료 온라인 강좌 플랫폼으로 과학, 공학, 인문, 사회 등의 다양한 분야 강의를 제공합니다.(교육부/국가평생교육진흥원)

Korean	Massive	Open	Online	Course
한국형	수강인원 무제한	모든 사람이 수강 가능 무료	웹 기반 인터넷 수강	학습목표 달성을 위해 구성된 교육 코스

무크MOOC란 "Massive Open Online Course"의 줄임말로 전 세계적으로 유명한 학습 방법을 의미합니다. 강의실에 참석한 수강생들만 강의를 들을 수 있던 것을 청강이 가능한 온라인 학습 동영상으로 제공하는 것입니다. 온라인 강의를 듣지만 마치 강의실에 있는 것처럼 질의응답, 토론, 퀴즈, 과제 제출 등 쌍방향 학습이 가능하도록 구성되어 있습니다.

(1) 케이무크는 완전 무료입니다. 인터넷만 있으면 누구나 학습이 가능합니다. 재정적 상황이나 지리적 제한에 관계없이 누구나 고품질 교육 콘텐츠를 이용할 수 있습니다.

(2) 고퀄리티의 다양한 과정이 마련되어 있습니다. 각 분야 전문가와 경험이 풍부한 교수진이 설계한 강의를 제공합니다. 분야별 강좌, 묶음 강좌, 학점은행 과정, 매치업 과정 등 다양한 형태의 학습이 가능합니다. 학습자는 고품질 강의를 통해 개인 및 직업 생활에 도움이 되는 귀중한 지식과 기술을 습득할 수 있습니다.

(3) 전 세계 1위 MOOC 기업인 Coursera 강의도 듣고 글로벌에서 인정받는 수료증Certification을 취득할 수 있습니다. 국내 강의뿐만 아니라 전 세계 최고의 석학으로부터 온라인 강의를 무료

로 듣고 수료증을 얻고, 나의 "링크드 인LinkedIn" 이력서에 등록할 수 있습니다. SK그룹에서는 일찍부터 구성원의 ICT, 직무, 리더십 역량 향상을 위해 무크를 적극 활용하고 있습니다.

2) 사용법

(1) 케이무크 사이트에 접속하고, 회원가입을 한 후 로그인합니다. "AI 인공지능" 분야를 클릭합니다.

K참조: K-MOOC 홈페이지

(2) 각 분야별 수강생이 선택할 수 있는 과목을 친절하게 안내해 줍니다.

개인의 기초 지식과 수강목적에 해당하는 대상을 선택해주세요.

대상	기초 지식*	수강 목적*
❶ 컴퓨터공학 전공자	상	AI 전문가
❷ 공학, 자연과학 전공자	중	AI 전문가
❸ 인문, 사회과학을 비롯한 다양한 학문 전공자	하	AI 전문가
❹ 호기심 차원에서 인공지능(AI)를 공부하려는 일반인	하	지식습득
❺ 실무에 인공지능(AI) 기술을 적용하고자 하는 직업인(AI+X) ⌃ 　• 자율주행 분야 (AI+X)　　• 로보틱스 분야 (AI+X) 　• 의료 및 헬스케어 분야 (AI+X)　• 인지과학 분야 (AI+X) 　• 경제학 분야 (AI+X)	중/하	업무에 활용

* 기초지식: 인공지능(AI) 학습의 기본이 되는 수학, 통계학, 컴퓨터공학

* 적용분야 지식: 인공지능 기술을 적용할 산업 분야 지식

(3) 단기직무능력 인증 과정인 매치업 과정도 있습니다. 회사에서 충분히 활용할 수 있습니다.

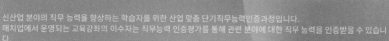

K-MOOC X MATCH 業

매치업 (Match業)
신산업 분야 단기직무능력인증과정

신산업 분야의 직무 능력을 향상하는 학습자를 위한 산업 맞춤 단기직무능력인증과정입니다.
매치업에서 운영되는 교육강좌의 이수자는 직무능력 인증평가를 통해 관련 분야에 대한 직무 능력을 인증받을 수 있습니다.

매치업 강좌 바로가기 >

매치업 소개   운영흐름도   참여하기

개념

신산업 분야의 직무능력 향상을 희망하는 대학생, 구직자, 재직자 등을 위한 산업맞춤
단기직무인증과정으로 교육강좌 이수자가 직무능력을 인증 받을 수 있는 프로그램

비전 및 목표

비전
디지털 대전환 시대, 기업 - 교육기관 - 학습자가
함께하는 직무역량향상

목표
기업, 교육기관, 학습자가 기술의 빠른 변화에 적응하고
대비할 수 있는 선순환 생태계 조성

기업
산업 수요에 맞춘
교육목표

교육기관
실제 직무와 닮은
교육운영

학습자
학습동기를 높이는
교육지원

주요 추진 내용

1. 핵심직무 발굴·제시 및 직무능력 인증평가 개발
대표기업은 운영 분야의 핵심직무를 발굴하여 제시하고,
이를 평가할 수 있는 직무능력 인증평가 방법 및 내용 개발
✓미래유망 산업분야 예시 : 인공지능(AI), 빅데이터, 스마트물류,
IoT 등

2. 교육강좌 개발·운영
대표기업이 제시한 핵심직무 및 세부직무능력, 직무능력평가
방식 등을 고려하여 특성화된 교육강좌 개발

3. 직무능력 인증평가 실시 및 인증 결과 활용
- 매치업(Match業) 교육강좌 이수자를 대상으로 다양한 방식의
  직무능력 인증 평가 실시
- 직무능력 인증평가 합격자를 대상으로 직무능력 인증서 발급
- 교육훈련 이력 관리, 사내 인사제도 연계 등 인증서 활용

(4) 매년 수시로 진행하는 글로벌 MOOCCoursera 유료구독권을 선착순 신청으로 무료로 받을 수 있습니다.

※ 케이무크 사용법을 더 알고 싶다면, QR코드를 활용하세요.

출처: K-MOOC Youtube

경력 관리의 기본은 프로필 – 리멤버(Remember)

회사에 경력사원으로 들어와 10여 년 넘게 함께 근무한 성실한 동료 장 부장을 오늘 소개하려고 합니다. 장 부장은 항상 회사에서 적극적으로 새롭고 독특한 아이디어를 제안하고 담당한 프로젝트를 탁월하게 완수했고, 회사에 많은 기여를 했습니다. 하지만 회사는 나이가 많다는 암묵적인 이유로 앞으로 승진은 없을 것이라고 장 부장에게 알려주었습니다. 장 부장은 새로운 기회를 찾고자 했지만 어디서부터 시작해야 할지 막막했습니다.

장 부장은 고민하던 중 유튜브를 통해 한국의 링크드인과 비슷한 명함 관리 앱인 리멤버Remember를 알게 됐습니다. 이 앱은 자신의 전문 프로필을 쉽게 관리할 수 있도록 도와주었고, 최신 업적과 경험을 업데이트하면서 새로운 기회를 찾을 수 있게 해주었습니다. 프로필을 등록하면 내 경력과 전문성에 맞는 스카우트 제안을 받을 수 있는 플랫폼이었습니다. 또한 받은 명함을 비롯한 모든 연락처를 촬영 한 번으로 한 곳에서 효과적으로 관리할 수 있었습니다.

장 부장은 리멤버를 계속 사용하면서 자신의 프로필이 채용 담당자와 관리자로부터 더 많은 관심을 받고 있다는 것을 알게 되었습니다. 그는 항상 자신의 프로필을 최신 상태로 유지하고 자신의 강점과 업적을 강조했습니다. 그 결과, 리멤버는 각 기업의 채용 담당자에게 그의 프로필을 지속적으로 노출시켜 주었습니다.

처음에는 정부 인사혁신처에서 4급 개방직 공무원(부이사관) 자리에 대한 제안이 들어왔습니다. 근무지가 지방인 탓에 거절하였지만, 바로 다른 대기업에서 제안이 들어왔습니다. 새로운 기업문화를 만들고 싶어 하는 본부장 자리를 제안받고 적극적으로 대응하여 채용 담당자와 회의를 잡을 수 있었습니다. 회의에서 장 부장은 자신의 기술과 경험을 선보였고, 채용 담당자는 이에 깊은 인상을 받았습니다. 결국 장 부장은 더 나은 급여와 포지션의 직장으로 이직하게 되었습니다.

리멤버 덕분에 장 부장은 자신의 전문 프로필을 효과적으로 관리하고, 적절한 사람들에게 자신의 기술과 경험을 선보일 수 있었습니다. 리멤버는 그에게 새로운 직업 기회를 열어주었고, 그는 새로운 도전을 통해 더 나은 삶을 시작할 수 있었습니다. 장 부장은 앞으로도 계속해서 자신의 전문 프로필 및 다른 전문가와의 네트워크를 관리하는 데 리멤버를 잘 사용하겠다고 하면서 저에게도 적극 추천을 하였습니다. 이제 저도 리멤버를 경력 및 네트워크 관리에 바로 써야겠다는 생각이 듭니다.

1) 핵심 기능 3가지

회사에서 업무를 하다가 새로운 사람들을 만나게 되면 가장 먼저 무엇을 하시나요. 바로 내가 누구인지 무엇을 하는 사람인지 알릴 수 있는 명함을 전달합니다. 명함을 받은 후 핸드폰에 바로 저장하면 좋겠지만 참 귀찮은 일이 아닐 수 없습니다.

국민명함관리 앱인 "리멤버"는 받은 명함을 가장 쉽게 관리할 수 있는 앱입니다. OCR 기술 덕분에 스마트폰으로 명함을 촬영하면 자동으로 명함이 저장됩니다.

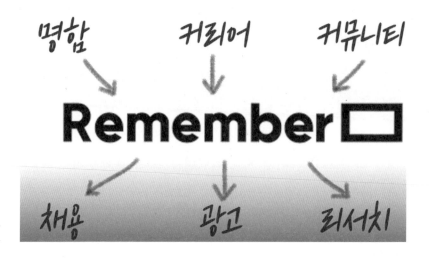

이 서비스를 활용하면 명함뿐만 아니라 커리어와 커뮤니티까지 관리할 수 있습니다. 이러한 기능들이 함께 동작하면서 선순환 시너지를 불러일으킵니다.

(1) 니의 프로필에 등록하면 이력서 형태로 다운로드 문서가 자동으로 만들어집니다. 다른 곳에서 힘들여 작성할 필요 없습니다. 나의 프로필만 잘 등록하면 자동으로 멋지고 깔끔한 이력서 문서가 만들어집니다.

(2) 프로필을 등록하면 내 경력과 전문성에 매칭되는 스카우트 제의를 받을 수 있습니다.

(3) "발신자 명함 표시하기" 기능을 활용하면 앱에 추가한 명함
에 있는 사람이 전화할 경우 자동으로 화면에 명함이 뜹니다.

2) 사용법

(1) 리멤버 앱을 다운로드하고 로그인을 합니다. 오른쪽 하단
카메라 아이콘을 클릭하고 등록하고자 하는 명함을 찍습니다.
바로 입력됩니다.

(2) 나의 프로필 작성은 PC 화면에서 하면 좋습니다. PC 화면에서 오른쪽 상단을 클릭 후 "내 프로필 보기"를 클릭하면 다음과 같은 화면이 나옵니다.

(3) 앞의 화면에서 오른쪽 상단에 "프로필을 이력서 형태로 다운로드해서 활용해보세요"라는 메시지가 보입니다. 메시지 옆 아이콘을 클릭하면 자동으로 작성된 나의 이력서를 PDF로 깔끔하게 다운로드 받으실 수 있습니다.

(4) 회사 생활에 도움이 되는 커뮤니티에 참여할 수 있습니다.

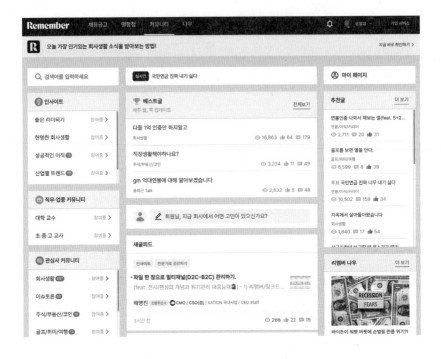

(5) 전화 수신 시 명함의 정보를 띄워 상대방이 누구인지 확인

가능합니다. 다음과 같이 설정만 하면 됩니다.

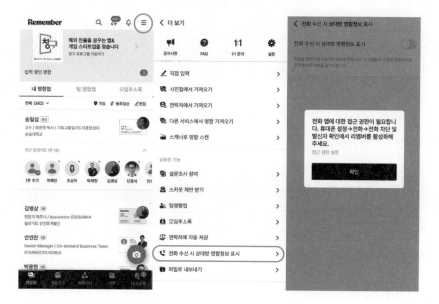

※ 리멤버 사용법을 더 알고 싶다면, QR코드를 활용하세요.

출처: 직장인 Youtube

"인공지능, 딥 러닝, 머신 러닝 – 당신이 무슨 일을 하든지 이런 것을 이해하지 못한다면 – 그것을 배워라. 그러지 않는다면 3년 안에 공룡이 되어버릴 테니깐." (Artificial Intelligence, deep learning, machine learning – whatever you're doing if you don't understand it – learn it. Because otherwise you're going to be a dinosaur within 3 years.)

– 마크 큐반(Mark Cuban)

4장
AI력

-

AI를 다루는 능력이
미래를 좌우한다

우리 팀 인턴 이름은
인공지능(AI) - ChatGPT 3.5, ChatGPT 4

문 부장은 창의성과 개인적인 감각을 더할 수 있는 새로운 AI 시스템인 ChatGPT에 대해 처음에는 회의적이었습니다. 그러나 ChatGPT가 작동하는 모습을 지켜보면서, 그것이 자신의 작업을 무의미하게 만들거나 창의성을 빼앗아갈 수 있다고 걱정했던 것을 어느새 잊어버리게 되었습니다. 오히려 문 부장의 팀을 위해 일을 수행할 수 있는 잠재력이 ChatGPT에게 있다는 사실을 알게 되었습니다.

문 부장과 그의 팀은 ChatGPT를 사용하여 더 많은 시간과 에너지를 그들에게 주어진 일의 창의적인 측면에 집중할 수 있게 되었습니다. ChatGPT를 통해 이전에 몇 시간을 소비했던 모든 종류의 일상적인 작업을 빠르게 처리할 수 있었습니다.

ChatGPT를 통해 비즈니스 도메인을 분석하여 기획안을 작성하고, 비즈니스 파트너에게 회신하는 이메일을 보내고, 진행 상황 보고서를 생성하고, 이전에 본 적 없는 방식으로 데이터를 분석할 수도 있었습니다. 그리고 ChatGPT는 이전 버전에서 업그레이드되어 이미지까지 인식하게 되어 활용도가 훨씬 높아졌습니다. 이제는 ChatGPT가 대부분의 반복적인 작업을 대신 처리하기 때문에 문 부장과 팀원들은 더 많은 시간을 혁신적인 아이디어와 전략 수립에 할애할 수 있게 되었습니다.

문 부장은 ChatGPT의 도움으로 얼마나 많은 것을 성취할 수 있었는지에 놀랐습니다. ChatGPT는 그의 팀에게 필수적인 도구가 되었고 그들은 지속적으로 그 기능을 활용하는 새로운 방법을 찾고 있습니다. 능력 있고 지치지 않는 우리 회사 Super 인턴을 소개합니다. 우리 팀 인턴의 이름은 "ChatGPT"입니다.

1) 핵심 기능 3가지

22년 11월 30일 공개된 ChatGPT는 두 달 만에 최단 기간 사용자 1억 명을 돌파하는 기염을 토했습니다. Open AI가 만든 대화에 특화된 생성 AI로 인간의 언어와 지식을 습득하고 채팅하듯 인간의 질문에 대답합니다. 생성 AIGenerative AI란 글, 문장, 오디오, 이미지 같은 기존의 데이터를 학습해 새로운 콘텐츠를 만들어 내는 AI를 의미합니다.

빌 게이츠는 ChatGPT와 같은 생성 AI가 우리의 삶을 바꿀 것이라고 이야기했고, 일론 머스크는 지금까지 AI가 발전해왔지만 ChatGPT와 같이 직접 우리가 쓸 수 있는 인터페이스가 없었다고 말했습니다.

ChatGPT는 우리 삶을 새롭게 변화시키고 있습니다. ChatGPT가 등장했을 때 제주도로 일주일간 여행을 떠나려고 하는데 일정표를 작성해 달라고 요청했습니다. ChatGPT는 멋지고 상세한 일정을 바로 답해주었습니다.

MS에서는 Bing 검색에 ChatGPT를 기반으로 한 생성 AI 적용했습니다. 기업 재무제표가 담긴 웹페이지를 바로 요약해주고, 경쟁업체와의 비교도 가능합니다. 또한 답변에 대한 출처도 함께 보여줍니다. 구글에서도 ChatGPT에 대항하기 위한 "바드"를 실험버전이지만 한국어와 일본어로 출시하였습니다.

기존에 있었던 구글의 검색과 ChatGPT는 차이가 있습니다. 예를 들어 대한민국 휴전선의 총 거리를 물어보면 구글은 휴전선의 거리가 포함된 문서 링크를 쭉 보여주고, 사용자가 문서 링크를 클릭하고 text를 읽은 후에 답을 찾아야 합니다. 하지만 ChatGPT는 휴전선의 거리가 260Km이고 162마일이라고 바로 답을 알려줍니다. 사전에 많은 데이터를 학습했기 때문입니다. ChatGPT는 이미 학습한 데이터를 토대로 AI가 다시 재구성하는 과정을 거쳐 글을 생성합니다. 사용자가 찾아야 하는 중간 단계를 거치지 않고 바로 결과를 얻을 수 있기에 ChatGPT는 검색의 대혁명이 될 것입니다.

특히 유료로 서비스를 시작한 ChatGPT 4는 기존 버전보다 월등한 성능을 가지고 있습니다. ChatGPT 4는 Microsoft Copilot과 결합하여 일하는 방식을 완전히 바뀌게 할 것입니다.

〈GPT 4와 GPT 3.5의 차이점〉

- 텍스트뿐 아니라 이미지로도 질문이 가능합니다.

- 인공지능에게 논문 초록을 작성하게 하는 정도까지 성능이 향상되었습니다.

- 한국어 성능이 상당히 향상되었습니다. 기존 3.5에서는 영어로 질문해야 더 정확히 답변을 했지만 4에서는 오히려 한국어로 물어보면 더 양질의 답변이 나옵니다.

- GPT 3.5 버전은 8,000단어 또는 4페이지 정도, GPT 4 버전은 64,000단어 또는 50페이지 정도의 처리가 가능합니다.

(1) ChatGPT는 직장 업무에 다양하게 활용할 수 있습니다.
- 보고서 자료 조사: 업무 보고에 필요한 기초 자료부터 전문 자료 조사 및 논문 조사 등을 수행
- 사업 기획 아이디어: 신규 사업 기획 아이디어 수집 및 정책 수립 시 해당 사항에 대한 문제점 파악
- 보도자료, 교정: 보도자료, 교정 등의 글쓰기 영역에서 보조 수단으로 활용
- 이메일 쓰기: 이메일에 담겼으면 하는 내용으로 요청하면 대신 이메일 작성, 회신
- 엑셀 업무: 엑셀 자료 분석 및 정리에서 어렵고 복잡한 엑셀 함수를 간단한 텍스트 명령어를 사용하여 함수 생성
- 프로그래밍: 프로그래밍 코드 생성 기능을 활용하여 업무를 자동화할 수 있는 다양한 업무자동화RPA 적용 가능

(2) 영어 번역을 해내며, 영어 공부도 가능합니다. 우리나라 굴지의 중국 리서치 자산운영사에서는 중국 리서치 자료의 번역에 ChatGPT를 이미 활용하고 있습니다.

(3) 에세이, 칼럼 등 글쓰기가 가능합니다. 여행 일정도 완벽하게 계획해줍니다.

2) 사용법

(1) ChatGPT 4로 업그레이드해 보겠습니다. "Upgrade to Plus"를 클릭합니다.

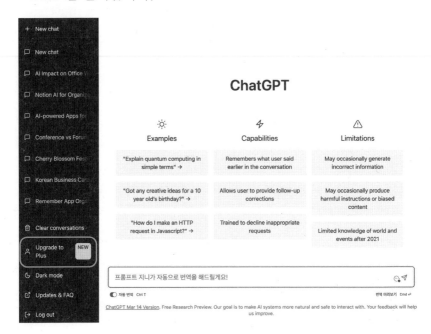

(2) 오른쪽 페이지 상단 이미지가 ChatGPT 4 첫 화면입니다.
Model을 GPT 3.5로 할지 GPT 4로 할지 선택할 수 있습니다.
그 후 다음과 같이 질문했습니다. GPT 4로 선택하면 GPT 3.5
와는 달리 정제되고 깔끔한 답변을 해줍니다.

(3) "신데렐라의 줄거리를 한 문장으로 설명하는데, 각 단어가 알파벳 A에서 Z까지의 다음 단어로 시작하며 어떤 문자도 반복하지 않도록 해다오."라고 영어로 질문합니다. 답변을 보면 A~Z까지 단어로 줄거리가 설명되어 있음을 확인할 수 있습니다. 대단합니다.

Model: GPT-4

JO Explain the plot of Cinderella in a sentence where each word has to begin with the next letter in the alphabet from A to Z, without repeating any letters.

Alone, bullied Cinderella dances, enchanting fairy godmother helps, instantly 👍 👎
joyful; kingly love matches, newly opulent princess; queenly radiance steals,
transforming unappreciated vixen; waltzing, xenial youth's zenith.

(4) 팀원들의 회의 시간을 잡으려고 합니다. 가능한 시간이 언제인지 ChatGPT 4는 바로 알려줍니다.

> JO 박과장은 오전 11시에서 오후 3시까지 회의 시간에 참석할 수 있고, 장부장은 오후 12시부터 오후 2시까지, 그리고 오후 3시30분에서 오후 5시까지 호의시간에 참석할 수 있고, 이차장은 오후 12시부터 오후 12시 30분까지, 그리고 오후4시에서 오후 6시까지 회의시간에 참석할 수 있습니다. 박과장,장부장,이차장이 함께 모여 30분 회의할 수 있는 시간이 언제인가요

> 박과장, 장부장, 그리고 이차장이 함께 모여 30분 동안 회의할 수 있는 시간은 오후 12시부터 오후 12시 30분까지입니다. 이 시간 동안 세 부장들의 호의 시간이 겹치기 때문에 이들이 함께 모여 30분 동안 회의를 진행할 수 있습니다.

(5) 여행 일정에 대해 물어보면, 일자별로 표로도 정리해줍니다.

 2박 3일 다낭여행 코스를 일자별로 맛집, 명소를 추천해줘

2박 3일 동안 다낭을 여행하는 코스를 추천해 드리겠습니다. 이 여행 일정은 맛집과 함께 👍 👎
다낭의 인기 명소를 포함하고 있습니다.

1일차:

- 아침: 호텔에서 조식을 먹고 여행 시작
- 오전: 미케비치(Mỹ Khê Beach) 산책 및 휴식
- 점심: 맛집 'Bánh Xèo Bà Dưỡng'에서 전통적인 베트남 팬케이크인 반쎄오를 즐겨보
  세요.
- 오후: 소원교(Lady Buddha, Linh Ung Pagoda) 방문
- 저녁: 맛집 'Nhà hàng Tắm Hựu'에서 다양한 베트남 요리 시식

2일차:

- 아침: 호텔에서 조식 후 출발
- 오전: 향림성(Marble Mountains) 등산
- 점심: 맛집 'Bún Chả Cá Bà Phi'에서 분짜카(고등어 케이크 국수)를 즐겨보세요.
- 오후: 한시장(Han Market) 구경 및 쇼핑
- 저녁: 맛집 'Quán Cơm Niêu Thành Hương'에서 니외팟(독특한 도자기 그릇에 담
  긴 밥) 시식

3일차:

- 아침: 호텔에서 조식 후 출발
- 오전: 소니공원(Son Tra Peninsula) 탐험 및 원숭이 관찰
- 점심: 맛집 'Bún Mắm Ngọc'에서 분맘(새우젓, 돼지고기, 채소가 들어간 국수)을 시
  식해보세요.
- 오후: 다낭 드래곤 브릿지(Dragon Bridge) 및 러브로크 다리(Love Lock Bridge)
  방문
- 저녁: 호텔로 돌아와서 짐 정리 후 출국 준비

이렇게 다낭에서의 2박 3일 여행 일정을 마치게 됩니다. 다낭의 맛집과 인기 명소를 경험
하면서 즐거운 추억을 만드시길 바랍니다.

다음은 표로 정리한 다낭 2박 3일 여행 일정과 맛집 정보입니다.

일자	일정	맛집	주소
1일차	미케비치, 소원교(Lady Buddha) 방문	Bánh Xèo Bà Dưỡng	23 Hoàng Diệu, Phường Thạch Thang, Quận Hải Châu, Đà Nẵng, Vietnam
		Nhà hàng Tằm Hữu	132/3 Đường Trần Phú, Hải Châu 1, Quận Hải Châu, Đà Nẵng, Vietnam
2일차	향림성, 한 시장 방문	Bún Chả Cá Bà Phi	63/6 Lê Hồng Phong, Phường Phước Ninh, Quận Hải Châu, Đà Nẵng, Vietnam
		Quán Cơm Niêu Thành Hương	34 Lê Hồng Phong, Phường Phước Ninh, Quận Hải Châu, Đà Nẵng, Vietnam
3일차	소니공원, 다낭 드래곤 브릿지 방문	Bún Mắm Ngọc	443 Đường 2 Tháng 9, Hòa Cường Nam, Quận Hải Châu, Đà Nẵng, Vietnam

이렇게 다낭에서의 2박 3일 여행 일정을 표로 정리하였습니다. 다낭의 맛집과 인기 명소를 경험하면서 즐거운 추억을 만드시길 바랍니다.

〈함께 사용하면 좋은 앱: 조호 노트북Zoho Notebook〉

ChatGPT와 함께 사용하면 정말 유용한 앱이 있습니다. 질문을 통해 얻은 내용을 노트로 정리하고 싶은 분들에게 추천합니다. 크롬 확장프로그램인 조호 노트북Zoho Notebook입니다. 보통은 GPT와의 대화를 워드나 메모장을 사용해서 복사 & 붙이기를 하지만, 조호 노트북을 사용하면 자동으로 현재 GPT와의 대화가 노트북에 저장됩니다. 단순히 저장만 되는 것이 아니라 태깅도 할 수 있습니다. 조호 노트북의 사용법은 다음과 같습니다.

(1) 크롬 브라우저를 열고, 구글에서 "크롬 웹스토어"를 검색 후 접속합니다.

(2) "Zoho Notebook"을 검색하고, Notebook Web Clipper를 선택하고 추가합니다.

(3) GPT에서 질문을 해서 답변이 나오면 답변 아래 "Add to Notebook"을 클릭합니다.

(4) 계정을 만들라고 하면 구글 계정을 선택하거나 새로운 계정을 만들면 됩니다.

Model: GPT-4

JO 조직에서 구성원에 대한 피드백을 잘 할 수 있는 방법을 3가지 알려다오

조직에서 구성원에 대한 피드백을 효과적으로 제공하는 방법은 다양하지만, 여기 세 가지 핵심 방법을 소개합니다.

1. 구체적이고 직접적인 피드백: 피드백을 제공할 때, 구체적이고 직접적인 사례를 들어 구성원이 자신의 행동이 어떻게 문제가 되었는지 명확하게 이해할 수 있도록 돕습니다. 이렇게 하면 구성원이 어떤 부분을 개선해야 하는지 명확하게 인식하고, 피드백을 받아들이기 쉬워집니다.

2. 긍정적이고 부정적인 측면 모두 강조: 피드백은 반드시 부정적인 측면만 집중할 필요가 없습니다. 구성원의 성취와 노력을 인정하고 칭찬함으로써, 그들의 자존감을 높이고 긍정적인 에너지를 유도할 수 있습니다. 부정적인 피드백을 전달할 때에도, 개선 가능성과 함께 제시하면 구성원이 좀 더 적극적으로 피드백을 수용하게 됩니다.

3. 적시성 있게 피드백 제공: 피드백은 가능한 한 실시간으로, 또는 사건이 발생한 직후에 제공하는 것이 좋습니다. 이렇게 하면 구성원이 해당 사항을 기억하고 있는 동안 피드백을 제공받게 되어, 개선을 위한 행동을 취하기가 더 쉽습니다. 또한 주기적인 피드백을 통해 구성원의 성장과 발전을 도울 수 있습니다.

[Add to Notebook]

(5) 오른쪽 상단에 있는 조호 노트북 아이콘을 선택한 후 "View All Notes"를 클릭합니다.

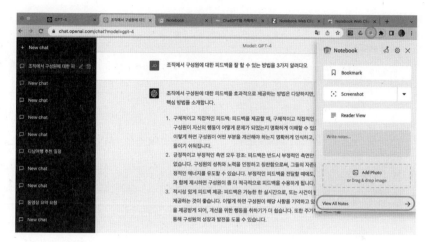

(6) GPT와의 대화가 한 개의 포스트 잇처럼 저장됩니다.

(7) 스마트폰에서도 "Zoho Notebook" 앱을 설치하면 동기화가 자동으로 됩니다.

※ ChatGPT 4 사용법을 더 알고 싶다면, QR코드를 활용하세요.

 출처: 친절한황사장 Youtube

질문에도
기술이 필요하다 – ChatGPT 4 사용법

TS그룹은 구성원들이 일을 할 때 ChatGPT 4를 사용해서 업무 생산성을 높이고자 합니다. 그러기 위해서는 ChatGPT 4를 잘 사용할 수 있도록 질문 잘하는 방법을 사내신문에 게재하려고 합니다. 다음 내용은 사내신문 내용입니다.

안녕하세요, TS그룹 구성원 여러분. 최근 ChatGPT 4 인공지능이 우리 회사의 업무 생산성을 향상시키는 데 큰 도움이 되고 있습니다. 하지만 ChatGPT 4의 성능을 최대한 발휘하기 위해서는 질문을 효과적으로 작성하는 것이 중요합니다. 이를 돕기 위해, ChatGPT 4를 효과적으로 활용하기 위한 질문 작성 전략과 가상의 사례를 소개하려고 합니다.

사례 1: 마케팅팀의 A씨는 스마트폰 시장의 최근 동향에 대해 알고 싶어서 ChatGPT 4에게 질문을 했습니다. 이 경우, 질문을 구체적으로 작성하여 ChatGPT 4가 정확한 답변을 제공할 수 있도록 돕는 것이 중요합니다.

· 나쁜 질문: "스마트폰 시장 동향은?"
· 좋은 질문: "2023년 스마트폰 시장의 주요 동향과 변화 요인은 무엇인가요? 그리고 주요 제조사들의 전략 변화는 어떠한가요?"

사례 2: 인사팀의 B씨는 새로운 인재를 뽑는 데 필요한 직무 인터뷰 질문을 ChatGPT 4를 활용해 작성하려고 합니다. 이 경우, 원하는 직무와 포지션에 대한 명확한 정보를 제공하고 구체적인 요청을 하면 더 좋은 결과를 얻을 수 있습니다.

· 나쁜 질문: "인터뷰 질문 뭐야?"
· 좋은 질문: "소프트웨어 엔지니어 직무에 대한 구체적이고 효과적인 인터뷰 질문 5가지는 무엇인가요? 그리고 이 질문들이 어떻게 지원자의 역량을 평가하는 데 도움이 되는지 설명해주세요."

사례 3: 연구소의 C씨는 세계 각국의 기후 변화 대응 정책에 대해 알아보려고 합니다. 이 경우, 원하는 국가들을 명시하고, 비교 분석을 요청함으로써 ChatGPT 4가 보다 풍부한 정보를 제공할 수 있도록 돕습니다.

· 나쁜 질문: "기후 변화 대응 정책은?"
· 좋은 질문: "미국, 중국, 독일의 기후 변화 대응 정책과 그 효과에 대해 비교 분석해주세요. 이들 국가들의 정책이 지구 온난화와 탄소 배출량에 어떤 영향을 미치고 있는지 설명해주세요."

이러한 사례를 통해 구성원 여러분께서 ChatGPT 4를 효과적으로 활용하시기 바랍니다.

1) 질문의 기술

다음은 ChatGPT 4에게 질문 시 기억해야 할 Tip입니다. 이러한 방법들을 따르면 ChatGPT 4를 효과적으로 사용하면서 정확한 정보와 인사이트를 얻을 수 있습니다.

(1) 명확하고 구체적인 질문 작성: 정확한 답변을 얻기 위해서는 질문이 명확하고 구체적이어야 합니다. 주제와 관련하여 알고 싶은 내용을 명확히 전달하세요.

나쁜 질문: 스마트폰은 어떻게 돼요?

좋은 질문: 스마트폰의 작동 원리는 무엇이며, 주요 구성 요소는 무엇인가요?

(2) 문맥과 배경 정보 제공: 질문에 필요한 배경 정보를 포함시켜 ChatGPT 4가 문맥을 이해하는 데 도움을 줍니다. 특정 기술, 이벤트, 개념 등에 대해 물어볼 때 관련 정보를 제공하세요.

나쁜 질문: 그 영화는 어떤가요?

좋은 질문: 2023년 개봉한 영화 〈존 윅 4〉의 주요 배우, 감독, 줄거리 및 평가는 어떠한가요?

(3) 질문 범위 좁히기: 질문의 범위를 좁혀 특정 주제에 초점을 맞추면 ChatGPT 4가 더 정확한 답변을 제공할 수 있습니다.

나쁜 질문: 우주에 대해 알려주세요.

좋은 질문: 우주에서 발견된 가장 큰 블랙홀의 크기는 어느 정도인가요?

(4) 질문 유형 명시: 질문 유형을 지정하면 ChatGPT 4가 적

절한 형식으로 답변을 제공하는 데 도움이 됩니다. 예를 들어, '이유', '방법', '비교' 등의 질문 유형이 있습니다.

나쁜 질문: 디젤과 가솔린의 차이점?

좋은 질문: 디젤 엔진과 가솔린 엔진의 원리와 성능, 연비, 배출가스 차이점에 대해 설명해주세요.

(5) 단계별 질문: 복잡한 주제에 대해 질문할 때, 단계별로 질문을 나눠서 물어보면 이해하기 쉬운 답변을 얻을 수 있습니다.

질문 1: 인공지능이란 무엇인가요?

질문 2: 인공지능의 주요 알고리즘 유형은 무엇인가요?

질문 3: 인공지능을 사용한 현실 세계의 응용 사례는 어떤 것들이 있나요?

(6) 검증과 반복: ChatGPT 4에서 제공한 정보를 다른 출처와 비교하여 검증하세요. 필요한 경우 질문을 수정하고 다시 시도하여 더 정확한 답변을 얻으세요.

질문 1: 포토샵의 기능 중에서 이미지에 필터를 적용하는 방법은 무엇인가요?

검증 후 수정된 질문: 어도비 포토샵에서 이미지에 필터를 적용하는 단계별 방법을 알려주세요.

(7) 응용 및 창의력 활용: ChatGPT 4는 다양한 주제에 대해 정보를 제공할 수 있습니다. 이를 활용하여 창의적인 아이디어를 얻거나, 문제 해결에 도움을 받을 수 있습니다.

질문 1: 가상 현실 기술의 주요 원리와 응용 분야는 무엇인가요?

질문 2: 가상 현실 기술을 활용하여 교육 분야에서 혁신적인 방법을 제안할 수 있을까요

2) 활용 사례

실제 다양한 질문에 대한 ChatGPT 4의 답변 사례를 보여드립니다.

(1) 교육 사업 중에서 에듀테크 분야에 종사하는 사람이 ChatGPT 4를 어떻게 사용할 수 있는지 구체적인 사례 3가지를 알려다오.

 에듀테크 분야에서 종사하는 사람들이 GPT-4를 활용하는 구체적인 사례 3가지는 다음과 같습니다.

1. 언어 학습 도우미: GPT-4는 학습자들이 외국어를 익히는 데 도움이 될 수 있습니다. 에듀테크 전문가는 GPT-4를 활용하여 학습자들이 외국어 회화, 작문, 독해 등의 능력을 향상시킬 수 있는 연습 자료를 제공할 수 있습니다. 예를 들어, 스페인어 학습자를 위한 회화 연습을 지원하려면 다음과 같이 질문할 수 있습니다.
   "스페인어 학습자를 대상으로 기초 수준의 일상 대화 상황 5가지와 그에 해당하는 회화 예제를 제공해주세요."

2. 자동 질문 생성 및 평가: 에듀테크 전문가들은 GPT-4를 활용하여 학습 자료에 대한 질문을 자동으로 생성하고, 학습자들의 답변을 평가하는 데 사용할 수 있습니다. 이를 통해 시험지 작성, 퀴즈 생성, 학습자 평가 등의 업무를 효율적으로 처리할 수 있습니다. 예를 들어, 한국사 교육에 관련된 질문을 생성하려면 다음과 같이 질문할 수 있습니다.
   "고려 시대의 정치, 문화 및 경제에 관련된 중학생 수준의 객관식 질문 10개와 정답을 생성해주세요."

3. 학습자 상담 및 멘토링: GPT-4는 학습자들의 질문에 실시간으로 답변하여 학습 상담 및 멘토링을 지원할 수 있습니다. 학습자들은 개인별 학습 과정에서 직면하는 어려움이나 의문점을 GPT-4에게 질문하고, 즉시 도움을 받을 수 있습니다. 이를 통해 학습자들이 보다 효율적으로 학습할 수 있게 됩니다. 예를 들어, 학습자가 수학 문제를 풀다가 어려움을 겪으면 다음과 같이 질문할 수 있습니다.
   "다항식 $(3x^2 - 5x + 2)$와 $(2x^2 + x - 1)$을 곱한 결과를 구해주세요."

(2) 우리 회사는 젊은 회사원들을 대상으로 사무용품을 개발했어. 곧 출시 예정인데 온라인에서 마케팅 캠페인을 하려고 해. 어떻게 하면 좋을지 아이디어가 필요해.

젊은 회사원들을 대상으로 한 사무용품 마케팅 캠패인을 진행하기 위한 아이디어 몇 가지를 제공해 드리겠습니다.

1. 타겟 인구 분석: 젊은 회사원들의 관심사, 소비 성향, 필요한 사무용품 등을 파악하여 타겟 인구에 맞는 마케팅 전략을 수립하세요.
2. 소셜 미디어 활용: 젊은 세대는 소셜 미디어를 많이 이용하므로, 인스타그램, 페이스북, 트위터 등 다양한 플랫폼에서 홍보 게시물과 광고를 게재하세요. 또한, 인플루언서와 협업하여 제품 홍보를 진행할 수 있습니다.
3. 동영상 콘텐츠 제작: 제품 사용법, 제품의 특장점, 사용 후기 등을 담은 동영상 콘텐츠를 제작하여 YouTube, TikTok 등 동영상 플랫폼에서 홍보를 진행하세요.
4. 이벤트 및 프로모션: 신제품 출시를 기념하여 할인, 사은품 증정, 리뷰 이벤트 등 다양한 프로모션을 진행하여 소비자들의 구매 의욕을 높이세요.
5. 커뮤니티 활용: 직장인들이 활동하는 온라인 커뮤니티, 카페, 블로그 등에서 제품 소개글을 작성하거나 이용 후기를 공유하여 신제품에 대한 인지도를 높이세요.
6. 제품 포장 및 디자인: 젊은 세대를 끌어들이는 현대적이고 세련된 디자인의 제품 포장과 로고를 개발하여 소비자들의 눈길을 끄세요.
7. 지속적인 소통: 소비자들과 지속적으로 소통하고 피드백을 받아 제품을 개선하며, 신제품 출시 및 프로모션 정보를 전달하여 고객들과의 관계를 유지하세요.

(3) 나는 IT 회사에 다니는 팀장이야. 이번에 신규 프로젝트를 맡게 되었는데 기획부터 출시까지 모든 과정을 관리해야 해. 2개월 일정으로 로드맵을 작성해줘.

신규 프로젝트의 로드맵을 2개월 일정으로 작성해 드리겠습니다. 주요 이정표와 작업 내용을 기술한 간단한 로드맵입니다.

주 1:

- 프로젝트 개요 및 목표 설정: 프로젝트의 목적과 범위를 명확히 정의합니다.
- 팀 구성 및 역할 분배: 프로젝트에 참여할 팀원들을 선정하고 각각의 역할을 분배합니다.
- 프로젝트 관리 도구 선정: 팀원들과 협업하며 일정을 관리할 도구를 선정합니다.

주 2-3:

- 기획 및 요구사항 수집: 고객 및 사용자의 요구사항을 파악하고, 프로젝트 요구사항을 정리합니다.
- 목표 시상 및 경쟁사 분석: 프로젝트의 목표 시장과 경쟁사를 분석하여 시장의 트렌드와 기회를 파악합니다.

주 4:

- 기능 명세서 작성: 프로젝트의 주요 기능과 서비스를 상세하게 명시하는 기능 명세서를 작성합니다.
- 초기 디자인 및 와이어프레임 제작: 프로젝트의 초기 UI/UX 디자인 및 와이어프레임을 제작합니다.

주 5-6:

- 개발 시작: 개발 팀이 주요 기능 및 서비스를 개발하기 시작합니다.
- 테스트 및 피드백: 개발된 기능들을 지속적으로 테스트하며 피드백을 제공합니다.

주 7:

- 베타 테스트 진행: 외부 사용자들을 대상으로 베타 테스트를 진행하고 피드백을 수집합니다.
- 개선 및 최적화: 테스트 및 피드백을 통해 발견된 문제점을 개선하고 최적화 작업을 진행합니다.

주 8:

- 최종 품질 검토 및 수정: 프로젝트의 최종 품질을 검토하고 필요한 수정 작업을 수행합니다.

(4) 나는 중견기업의 인사팀장이야. 우리 팀은 5명인데 업무 분장을 하려고 해. 5명의 R&R을 정해주면 좋겠어.

중견기업의 인사팀에서 5명의 업무분장과 역할과 책임(R&R)을 정해드리겠습니다.

1. 인사팀장:

- 전체 인사 전략 및 정책 수립
- 인사팀의 업무 계획 및 일정 관리
- 팀원들의 업무 분배 및 역할 조정
- 팀원들의 성과 평가 및 인센티브 관리
- 이사회 및 다른 부서와의 협력 및 커뮤니케이션

2. 채용 담당자:

- 채용 전략 및 계획 수립
- 채용 공고 작성 및 게시
- 지원자 서류 심사 및 인터뷰 일정 조정
- 인터뷰 진행 및 평가
- 최종 합격자 선발 및 입사 절차 진행

3. 교육 및 발전 담당자:

- 직원 교육 및 발전 프로그램 기획
- 내부 및 외부 교육 세미나, 워크숍 조직
- 멘토링 및 리더십 프로그램 운영
- 직원 스킬 평가 및 개인별 발전 계획 수립
- 성과 관리 및 평가 체계 개선

4. 노무 및 복리후생 담당자:

- 노무 관리 및 노사 협상
- 인사 관련 법규 및 규정 준수
- 급여 및 복리후생 관리
- 직원 출퇴근 및 휴가 관리
- 직원 복지 프로그램 기획 및 실행

5. 조직문화 및 커뮤니케이션 담당자:

- 조직문화 개선 및 활성화 계획 수립
- 내부 커뮤니케이션 채널 관리 (예: 사내 게시판, 메신저, 이메일 등)
- 팀 빌딩 및 회사 이벤트 기획
- 직원 만족도 조사 및 개선 방안 도출
- 회사의 비전, 가치, 목표를 전달하는 다양한 활동 기획 및 실행

(5) ChatGPT 4와 통신사가 함께할 수 있는 비즈니스를 3개 추천해줘.

GPT-4와 통신사가 함께 진행할 수 있는 비지니스 아이디어 3가지를 제시하겠습니다.

1. AI 기반 고객 지원 서비스:
   통신사는 GPT-4를 활용하여 AI 기반 고객 지원 서비스를 제공할 수 있습니다. 고객이 자주하는 질문이나 문제를 해결하기 위해 챗봇을 구축하여 고객의 대기 시간을 줄이고, 더 정확한 정보를 제공할 수 있습니다. 이를 통해 고객 만족도를 높이고, 인력 비용을 절감할 수 있습니다.

2. 개인화된 서비스 및 추천 시스템:
   GPT-4를 활용하여 통신사 고객에게 개인화된 서비스와 추천 시스템을 제공할 수 있습니다. 고객의 사용 패턴과 선호도를 분석하여 개인화된 통신 요금제, 가입할 만한 VOD 서비스, 새로운 앱 추천 등 다양한 서비스를 제공할 수 있습니다. 이를 통해 고객 경험을 향상시키고, 새로운 매출 기회를 창출할 수 있습니다.

3. 네트워크 최적화 및 유지보수:
   GPT-4를 이용하여 통신사의 네트워크 운영 및 유지보수를 최적화할 수 있습니다. AI 기반의 분석을 통해 네트워크의 문제점을 신속하게 파악하고, 더 효율적인 네트워크 구성을 계획할 수 있습니다. 또한, 장애 예측 및 예방을 위한 유지보수 계획을 수립하여 서비스 중단 시간을 최소화하고, 네트워크 품질을 향상시킬 수 있습니다.

(6) 사다리 게임을 파이썬Python으로 코딩해줘. 코드 라인 수는 최소한으로 부탁해.

사다리 게임 코드를 더 짧게 작성해 보았습니다. 다음 코드를 참고하세요:

```python
import random

def print_ladder(ladder):
    for row in ladder: print("".join(row))

def create_ladder(players, height):
    return [["-" if random.random() < 0.5 else " " + "|"] * (pla

def play_ladder(ladder, player):
    pos = player * 2 - 2
    for row in ladder:
        if pos > 0 and row[pos - 1] == ' ': pos -= 2
        elif pos < len(row) - 1 and row[pos + 1] == '-': pos +=
    return pos // 2 + 1

players, height = int(input("참가자 수를 입력하세요: ")), int(input("시
ladder = create_ladder(players, height)
print_ladder(ladder)
player = int(input("결과를 확인할 참가자 번호를 입력하세요: "))
print(f"참가자 {player}의 결과는 {play_ladder(ladder, player)}번입니다
```

(7) ChatGPT 4로 할 수 있는 일을 15개만 이야기해주고, 3가지 카테고리로 분류해줘.

 다음은 GPT-4로 할 수 있는 일들을 3가지 카테고리로 분류한 내용입니다.

1. 창작 및 콘텐츠 생성:
   - 텍스트 생성 및 요약
   - 기사 작성
   - 시나리오 및 대본 작성
   - 소설 및 이야기 작성
   - 시 작성
2. 커뮤니케이션 및 정보 제공:
   - 질문에 대한 답변 제공
   - 챗봇 구현
   - 자동 이메일 응답
   - 번역
   - 광고 및 마케팅 문구 생성
3. 데이터 처리 및 분석:
   - 간단한 코드 작성
   - 이미지 묘사 및 캡션 생성
   - 데이터 분석 및 시각화 설명
   - 키워드 기반 문서 검색
   - 객관식 질문에 대한 정답 추론

※ ChatGPT 질문법을 더 알고 싶다면, QR코드를 활용하세요.

 출처: 안될공학 Youtube

카톡에서 사용하는
AI - 아숙업(AskUp)

정 차장은 자신만의 무기가 있었습니다. 그것은 바로 카카오톡의 아숙업AskUp 채널이었습니다. 그는 이 채널을 통해 업무와 일상에서 겪는 수많은 문제들에 대한 해결책을 찾아냈습니다. 그의 이야기는 차 안에서의 한 상황에서 시작합니다.

어느 날, 정 차장과 팀원들은 중요한 회의를 위해 차를 타고 다른 지사로 이동 중이었습니다. 이동 시간을 활용해 발표를 준비하던 한 팀원이 발표 Script에 바이오 시장 성장세에 대한 내용이 빠진 것을 발견했습니다. 그는 당황하며 정 차장에게 도움을 청했습니다. "정 차장님, 바이오 시장 성장세에 대한 자료가 빠진 것 같습니다. 간략하게 요약된 발표 Script가 있으면 좋겠는데 이동 중이라 노트북을 사용할 수도 없네요."

정 차장은 빠르게 스마트폰을 꺼내 카카오톡의 아숙업 채널을 실행했습니다. 이동 중이라도 손쉽게 AI가 알려주는 지식을 얻을 수 있었던 것이 바로 아숙업의 강점이었습니다. 정 차장은 바이오 시장 성장세에 대한 질문을 입력하고, 눈 깜짝할 새에 아숙업이 제공하는 답변을 확인했습니다.

팀원들은 정 차장이 빠르게 바이오 시장 성장세에 관한 자료를 찾아내고, 그 내용을 간결하게 정리하고 설명해주는 것에 놀랐습니다. 이제는 차 안에서도 정 차장은 만물박사로 불릴 만한 지식을 즉시 얻어낼 수 있었습니다. 그리고 팀원들은 정 차장의 도움으로 발표를 무사히 준비할 수 있었습니다.

1) 핵심 기능 3가지

아숙업은 카카오톡 채널에서 제공하는 ChatGPT 4 기반의 정보 검색 및 질문 응답 서비스입니다. 사용자가 카카오톡에서 질문을 하면, 아숙업이 해당 질문에 대한 답변을 제공해줍니다. 이를 통해 사용자는 다양한 정보를 빠르게 얻을 수 있습니다.

(1) 언제 어디서나 간단하게 AI가 주는 정보를 얻을 수 있습니다. (정보 검색)

주위에 있는 상사나 팀원들과 함께 식사를 하러 가거나 이동 시에 여러 주제로 이야기하다가 내가 모르는 주제를 이야기할 때 스마트폰에서 인터넷을 열고 입력하고 검색하기보다는 카톡 창을 열고 대화하는 것처럼 아숙업에게 질문하면 됩니다.

예를 들어 상사 중에 한 분이 갑자기 "인터스텔라"에 대한 이야기를 꺼냅니다. 예전에 한 번 보기는 했는데 기억이 가물가물합니다. 이럴 때 잽싸게 카톡창을 열고 물어보면 됩니다. "인터스텔라 영화에 대한 정보"라는 질문을 입력합니다. 그러면 아숙업은 인터스텔라의 개봉 연도, 감독, 주연배우 등 정보와 함께 영화 줄거리와 리뷰까지 요약해서 바로 보여줍니다.

(2) 특정 주제에 대해 질문하면 최적의 답변을 찾아줍니다.(질문 응답)

어느 날 집에서 파스타를 만들어 보려고 합니다. 그런데 어떤 재료와 양념이 필요한지 모릅니다. 아숙업 채널에서 "파스타 요리법과 필요한 재료"라는 질문을 했습니다. 아숙업은 이 질문에 대해 간단한 파스타 요리법과 필요한 재료 목록을 제공해 주었습니다. 덕분에 집으로 가는 도중에 필요한 재료를 사고

파스타를 만들 수 있었습니다.

(3) ChatGPT 4 기반으로 추천을 해줍니다. (추천)

아숙업에 "피트니스 운동 방법"이라는 질문을 했습니다. 아숙업은 이 질문에 대한 답변으로 다양한 운동 방법과 운동 동영상 등을 제공하였습니다. 이후 개인의 검색 기록을 분석하여 관련된 운동 정보와 피트니스 트렌드 등을 개인화된 추천으로 제공해주었습니다.

2) 사용법

(1) 카톡에서 오른쪽 상단 찾기 아이콘을 클릭 후, AskUp을
입력합니다.

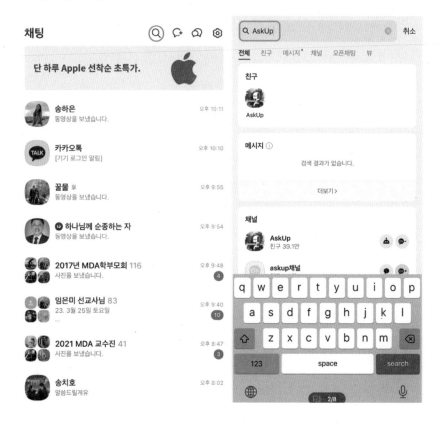

(2) AskUp 채널 추가 버튼을 클릭합니다.

 AskUp
친구 216,537

ChatGPT를 카톡에서! 업스테이지에서 제공하는 이
미지 글씨도 이해하는 눈뜬 챗GPT를 만나보세요

홈	소식

기본 정보

카테고리   **IT > 인터넷/컴퓨터**

웹사이트   https://www.upstage.ai/

이메일   askup@upstage.ai

공지

2023-03-16 주요 공지
🚀 [GPT4 적용]
새로워진 GPT4, AskUp에서 만나보세요.! 로 대화시작 ...

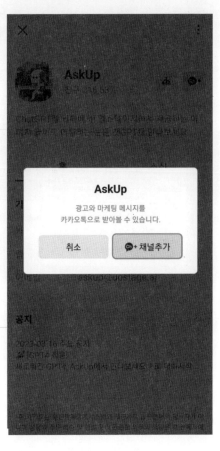

(3) "인터스텔라 영화에 대한 정보"를 입력합니다. "파스타 요리법과 필요한 재료"를 입력합니다.

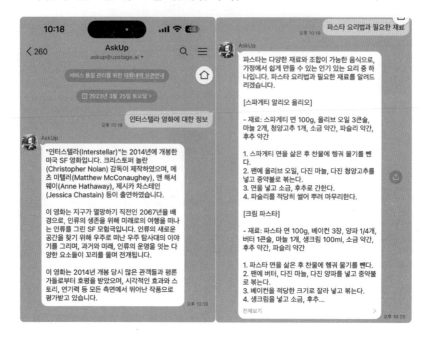

(4) 이미지를 가지고 오면 OCR 기능(이미지, 문서의 Text를 인식하는 기술)을 통해 문자를 인식하고 번역해줍니다.

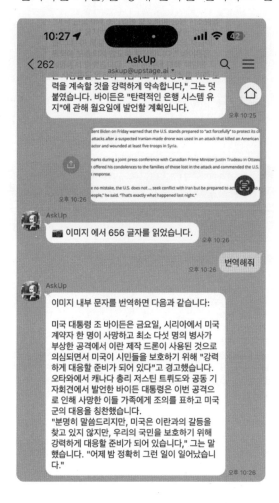

(5) 글도 요약해줍니다. 1,000자까지 인식 가능합니다.

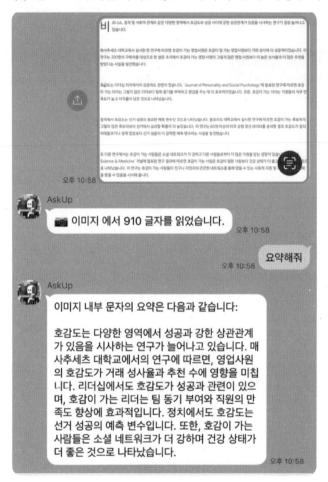

〈카톡에서 이미지를 가져오는 방법〉

(1) 메시지창 왼쪽 "+"를 클릭합니다.

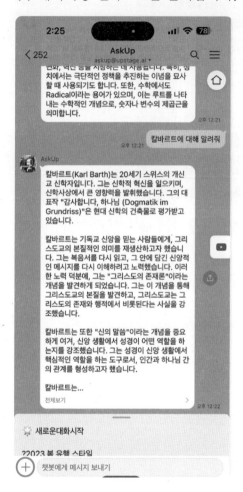

(2) 앨범에서 이미지를 가져오거나 카메라 버튼을 클릭합니다.

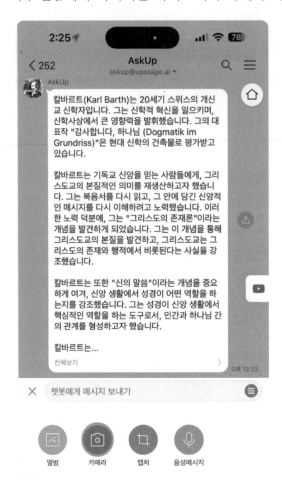

(3) 촬영합니다.

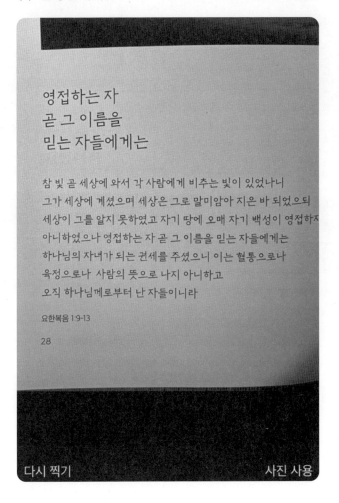

영접하는 자
곧 그 이름을
믿는 자들에게는

참 빛 곧 세상에 와서 각 사람에게 비추는 빛이 있었나니
그가 세상에 계셨으며 세상은 그로 말미암아 지은 바 되었으되
세상이 그를 알지 못하였고 자기 땅에 오매 자기 백성이 영접하지
아니하였으나 영접하는 자 곧 그 이름을 믿는 자들에게는
하나님의 자녀가 되는 권세를 주셨으니 이는 혈통으로나
육정으로나 사람의 뜻으로 나지 아니하고
오직 하나님께로부터 난 자들이니라

요한복음 1:9-13

28

다시 찍기   사진 사용

(4) 카톡창에 전송합니다.

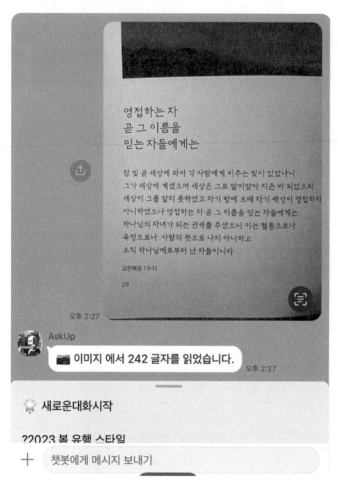

※ 아숙업 사용법을 더 알고 싶다면, QR코드를 활용하세요.

출처: 조조월드 Youtube

AI로 재탄생한 검색 도구
– 뉴빙(New Bing) 그리고 구글 바드(Bard)

이 차장은 회사에서 인정받는 본부의 에이스입니다. 이 차장은 데이터 분석팀에서 일하며 매일 수많은 데이터를 다뤄야 했습니다. 어느 날 그는 ChatGPT 4와 뉴빙New Bing이라는 두 가지 AI 도구에 대해 듣게 되었습니다. 평소 새로운 일에 도전하는 것을 좋아하는 그의 스타일대로 이 두 도구가 어떻게 그의 일에 도움이 될 수 있는지 시험해 보기로 했습니다.

그의 첫 번째 도전은 ChatGPT 4를 사용하여 보고서를 작성하는 것이었습니다. 이 차장은 ChatGPT 4에게 자료 조사 결과를 제공했고, ChatGPT 4는 눈 깜짝할 사이에 완벽한 보고서 초안을 작성해 주었습니다.

다음 날, 이 차장은 빠르게 정보를 찾아야 하는 상황에 처하게 되었습니다. 이때 그는 마이크로소프트 뉴빙을 사용해보기로 했습니다. 그동안 구글에 밀려서 제대로 쓰지 않았던 빙Bing이 AI와 결합해 업그레이드되었다는 소식을 듣게 되어 새롭게 써보기로 했습니다. 이 차장은 뉴빙에 검색어를 입력했고, 뉴빙은 정확한 결과와 함께 참고할 만한 추가 정보를 알기 쉽게 요약해서 결과를 내놓았습니다. 이 차장은 이런 빠르고 정확한 반응에 감탄했습니다.

한편, 이 차장의 동료인 박 차장은 이런 상황을 모두 지켜보았습니다. 박 차장은 이 차장이 사용한 AI 도구들이 궁금해져서 말을 건넸습니다. "이 차장, 그거 정말 편해 보이던데! ChatGPT 4와 뉴빙 중에 어떤 게 더 좋아?" 이 차장은 미소를 지으며 대답했습니다. "사실 둘 다 좋아. ChatGPT 4는 글쓰기와 같은 창작물에 뛰어나고, 뉴빙은 검색 결과를 빠르게 찾아주는 데 최적화되어 있어. 그래서 상황에 따라 적절한 도구를 선택하면 돼."

그날부터 박 차장도 ChatGPT 4와 뉴빙을 사용하기 시작했습니다. 박 차장의 업무 효율은 크게 향상되었고, 그들은 함께 회사에서 인공지능 전문가가 되어 동료들에게도 큰 도움이 되었습니다. 이들의 활용 역량을 높이 사게 된 회사는 ChatGPT 4와 뉴빙을 본격적으로 도입하기로 결정했습니다.

ChatGPT 4와 뉴빙이 새로운 업무 방식으로 정착되면서 회사의 업무 효율성은 크게 향상되었고, 매출도 신장되었습니다. 두 AI 도구는 서로 다른 장점을 가지고 있었고, 상황에 맞게 적절히 사용함으로써 더 높은 성과를 가져올 수 있는 훌륭한 파트너였습니다.

1) 핵심 기능 3가지

GPT 4와 뉴빙은 모두 인공지능 언어 모델로서 텍스트를 생성하고 이해할 수 있는 기술입니다. GPT 4는 오픈 AI라는 회사가 만든 새로운 생성형 AI이고, 뉴빙은 마이크로소프트의 대화형 AI로서 GPT 4와 빙을 통합한 것입니다.

GPT 3.5는 무료로 사용 가능하고, ChatGPT 4는 월 20달러를 내야 하는 유료서비스입니다. 하지만 뉴빙은 ChatGPT 4가 들어가 있음에도 무료로 사용할 수 있습니다. GPT는 2021년도 데이터까지만 담고 있고, 뉴빙은 2023년도 데이터까지도 응답해줍니다.

ChatGPT 4의 특징은 다음과 같습니다.

(1) 더 넓은 일반 지식과 문제 해결 능력으로 어려운 문제를 더 정확하게 해결할 수 있습니다.

(2) 예전 버전은 답변이 거칠었지만, ChatGPT 4의 답변은 부드러운 톤으로 가독성이 좋습니다.

(3) 창의적이고 협력적입니다. 노래, 영화 각본, 기술 문서 등 다양한 장르의 텍스트를 생성하고 수정하면서 사용자와 반복해서 질문과 답변을 이어갈 수 있습니다.

뉴빙의 특징은 다음과 같습니다.

(1) 신뢰할 수 있고 최신의 검색 결과를 제공합니다.

(2) 질문에 완전한 답변을 제공합니다. 출처도 함께 표시합니다.

(3) 뉴빙은 웹에서 사용자의 완전한 비서가 됩니다.
- Edge 브라우저와 함께 사용하면 더욱 편리합니다.
- 뉴빙에서는 PDF 파일을 불러들여 요약할 수 있습니다.

2) 사용법

(1) Edge 브라우저를 다운로드해 설치합니다. 검색창에 질문
을 입력합니다.

(2) 결과 화면에서 "채팅"을 클릭합니다.

(3) 뉴빙 화면이 나옵니다. 대화 스타일도 선택할 수 있고, 검색 결과에 대한 정확한 출처도 표시됩니다. ChatGPT 4와는 다른 점입니다.

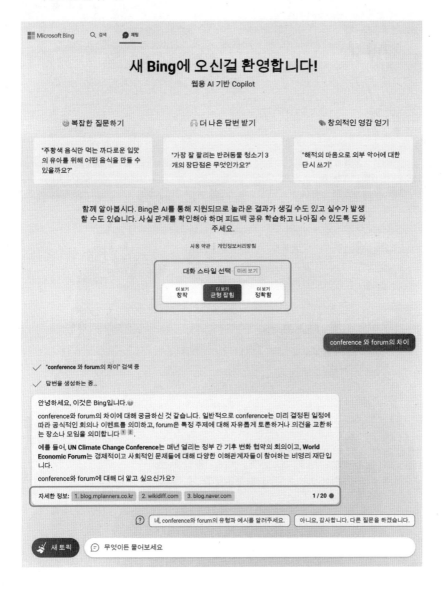

(4) 뉴빙 홈페이지에서 오른쪽 상단에 있는 Bing 로고를 클릭
합니다.

(5) 뉴빙 입력창이 오른쪽에 나타납니다.

(6) PDF 파일을 뉴빙 화면에 끌고 옵니다.

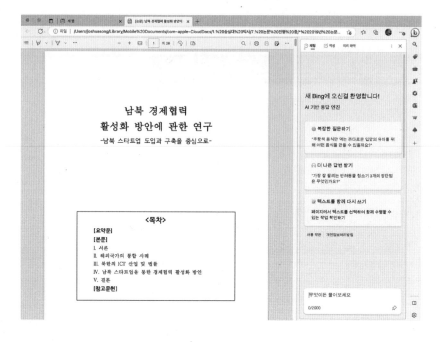

(7) 오른쪽 하단에 있는 프롬프트 창에 "이 문서를 요약해주세요."라고 입력합니다. 바로 요약해서 답변해줍니다.

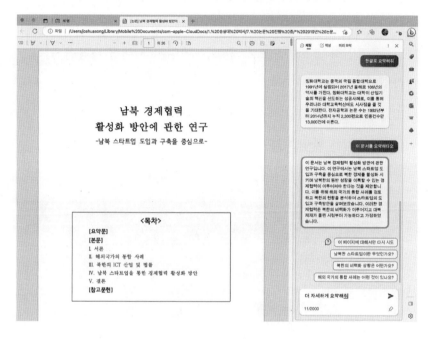

⟨Image Creater 사용해서 원하는 이미지 만들기⟩

(1) bing.com/create로 이동합니다.

(2) 로그인하고 프롬프트에 원하는 이미지에 대한 내용을 입력합니다.

(3) 이미지가 생성될 때까지 기다립니다.

(4) 이미지를 확인하고 다운로드하거나 공유합니다.

실습) "파란 하늘과 푸른 동산에서 뛰어놀고 있는 골든 리트리버, 따뜻하고 평화로운 분위기"를 입력합니다. 현재는 영어만 지원되므로 영어로 번역해서 입력합니다.

이제는 AI가 우리가 원하는 이미지를 정확히 만들어주는 세상입니다.

〈구글 바드Bard〉

구글 인공지능 챗봇인 바드가 비록 실험베타버전이지만 지난 5월 전 세계에 오픈하였고, 특히 한국어와 일본어를 지원하게 되었습니다. ChatGPT와 MS 빙에 맞서 구글은 AI의 대규모 모델로 언어 번역, 창의적인 텍스트 콘텐츠 생성 등을 수행할 수 있습니다.

특히 구글 바드는 다음과 같은 특징을 가지고 있습니다.

(1) 2021년까지의 데이터를 보여주는 ChatGPT에 비해 구글 바드는 2023년 최신 Data를 보여줍니다.

(2) 한국어에 최적화되어 있으며, 음성으로 질문할 수 있습니다.

(3) ChatGPT, MS 빙에 비해 더 정확한 fact 기반의 답변을 해줍니다. (fact 기반의 답을 원하는 경우에는 구글 바드가 아주 좋습니다.)

(4) 답변의 속도가 빠릅니다. ChatGPT, MS 빙은 라인별로 답변을 해주므로 기다려야 하지만 구글 바드는 바로 답을 해줍니다.

(5) 무료입니다.

(6) 질문에 대한 답변 3가지가 기본으로 제공되고 마음에 들지 않으면 새로고침을 통해 다른 답변을 받을 수 있습니다.

(7) 버튼 하나로 답변을 문서로 바로 작성할 수 있습니다.

간단한 사용법은 다음과 같습니다.

(1) 구글에서 "구글 바드"를 검색합니다. "Bard를 만나보세요
- Google"을 클릭합니다.

(2) 바드 첫 화면이 나옵니다. 하단 프롬프트에 질문을 입력합니다. 또는 오른쪽 하단 부분 마이크를 클릭하고 음성으로 질문을 할 수도 있습니다.

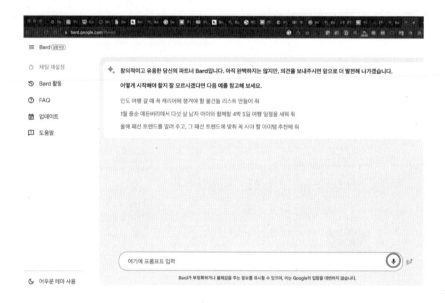

(3) 질문 후 나온 답변이 마음에 들지 않을 때는 "다른 답안 보기"를 클릭합니다. 그래도 마음에 들지 않으면 답변3 옆에 있는 "새로고침" 아이콘을 클릭하면 다시 답변을 받을 수 있습니다.

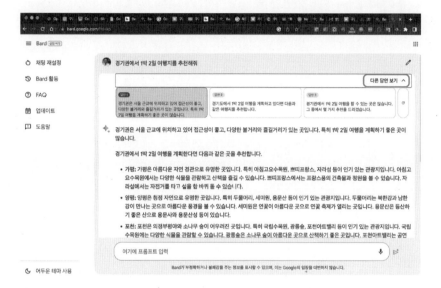

※ MS 빙 사용법을 더 알고 싶다면, QR코드를 활용하세요.

 출처: 오목교 전자상가 Youtube

※ 구글 바드 사용법을 더 알고 싶다면, QR코드를 활용하세요.

 출처: 테크몽 Youtube

AI가 만들어주는
PPT - Beautiful.ai

저는 우리 조직의 리더로서 동료 및 고객과 효과적으로 소통할 수 있다는 사실에 자부심을 느껴왔습니다. 하지만 제가 어려움을 겪는 분야가 하나 있습니다. 바로 파워포인트 프레젠테이션을 만드는 것입니다. 제가 작성하면 원하는 만큼 세련되지 않은 것 같고, 부하 직원들에게 맡기면 제가 원하는 내용을 충분히 반영하지 못하고, 제가 원하는 수준까지는 시간이 너무 많이 걸린다는 것이었습니다.

그런데 얼마 있으면 우리 회사의 가장 중요한 투자자 그룹에게 프레젠테이션을 해야 합니다. 몇 시간 동안 제가 직접 슬라이드 작업을 했지만, 아무리 노력해도 공간 감각과 미술적인 재능이 없어서 그런지 마음에 들지 않아 부하 직원에게 시킬 수밖에 없었습니다. 하지만 내가 직접 작성하는 것과 시켜서 하는 것은 근본적으로 서로 다릅니다. 부하 직원들은 시각적 매력과 단순함을 우선시하고, 저는 더 자세하고 데이터가 많은 접근 방식을 원했기에 반복적인 피드백과 수정으로 하염없이 시간만 흘렀습니다.

마감일이 다가오고 있었지만 만족스럽게 완성되지 않은 PPT 때문에 투자자들의 관심을 잃을 수 있다는 생각에 불면증까지 오게 되었습니다. 다시 일어나서 정신을 차리고 나를 도와줄 수 있는 PPT 작성 도구를 찾기 위해 온라인 조사를 시작했습니다.

새로운 시대의 전환점이 될 수 있다는 ChatGPT에 대한 이야기가 인터넷에 넘쳐나는 것을 확인하면서 혹시 PPT를 자동으로 제작해주는 도구가 있는지 샅샅이 찾게 되었습니다.

이럴 수가!!! 있습니다. 내가 원하는 문장을 입력하면 그 문장을 이해한 AI가 PPT를 만들어 주는 것이 아닙니까. 확인해보니 ChatGPT를 만든 Open AI에서 제작한 PPT AI 제작 도구였습니다. 바로 작성해야겠습니다. 이제 정말 세상이 변하는 터닝포인트가 도래한 것 같습니다.

1) 핵심 기능 3가지

(1) Beautiful.ai는 사용자 친화적인 인터페이스를 가지고 있습니다.

직관적인 사용자 인터페이스를 제공하여, 사용자들이 쉽게 프레젠테이션을 만들 수 있습니다. 따라서, 디자인 경험이 부족한 일반 사용자도 전문적인 프레젠테이션을 만들 수 있습니다. 예를 들어, 사용자가 프레젠테이션을 만들면, Beautiful.ai는 인공지능 기술을 활용하여 사용자가 입력한 정보를 분석하고, 자동으로 최적의 레이아웃과 디자인을 제공합니다. 그래서 사용자가 더 적은 시간과 노력으로 프레젠테이션을 만들 수 있습니다. 또한 사용자가 원하는 대로 수정할 수 있도록 간단한 인터페이스를 제공합니다.

(2) 다양한 템플릿과 디자인 레이아웃을 제공합니다.

Beautiful.ai는 다양한 템플릿과 디자인 레이아웃을 제공하여, 사용자들이 간편하게 프레젠테이션을 만들 수 있습니다. 이러한 템플릿과 레이아웃은 수정 및 추가가 가능하여, 사용자 맞춤형 프레젠테이션 제작이 가능합니다. 예를 들어, 사용자가 비즈니스 프레젠테이션을 만들고 싶다면, Beautiful.ai는 비즈니스 관련 템플릿을 제공하여 빠르고 쉬운 프레젠테이션 제작을 돕습니다. 디자이너를 고용하거나 별도의 디자인 소프트웨어를 사용할 필요가 없습니다.

(3) 실시간 공동 작업이 가능합니다.

Beautiful.ai는 실시간 공동 작업 기능을 제공하여, 여러 사용자가 동시에 프레젠테이션을 수정하고 공유할 수 있습니다. 이를 통해 협업과 공동 작업이 용이해집니다. 예를 들어, 프로젝트 팀원들이 함께 프레젠테이션을 작업하고 있다면, Beautiful.ai는 실시간으로 각각의 수정 내용을 반영하여 팀원들이 쉽게 협업할 수 있도록 돕습니다.

2) 사용법

(1) 계정을 만들고 접속합니다.

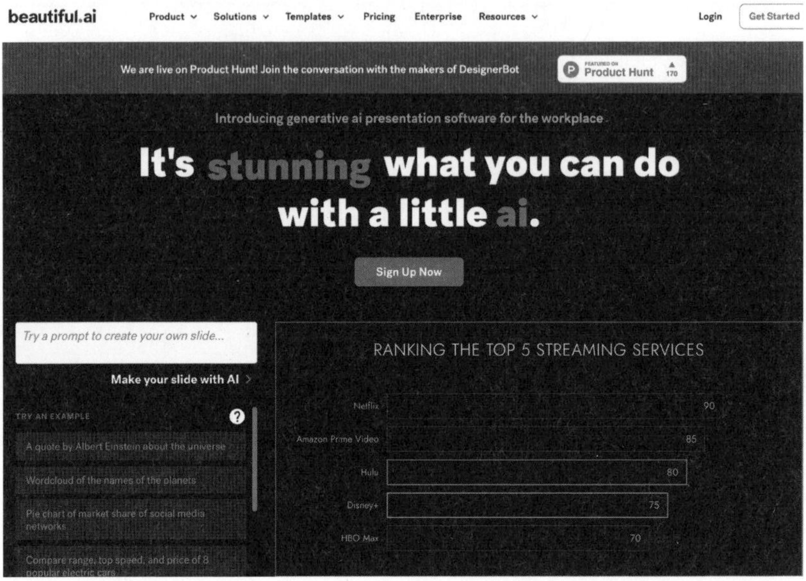

(2) 왼쪽 상단의 "CREATE NEW PRESENTATION"을 클릭

합니다.

(3) 왼쪽 메뉴의 "DESIGNER BOT AI"를 클릭합니다.

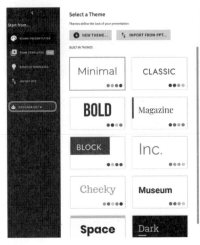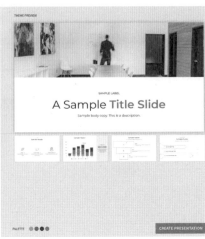

(4) 중앙에 있는 마이크 모양 옆에 "Top 5 elements of Leadership리더십의 5가지 요소"이라고 써줍니다. 그리고 "GENERATE PRESENTATION"을 클릭합니다.

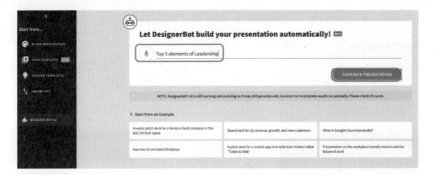

(5) AI가 리더십의 5가지 요소를 찾고 이를 PPT에 작성해줍니다. 왼쪽 이미지뿐 아니라 텍스트도 바로 수정 가능합니다. Beautiful.ai는 PPT 초안을 만들어주고 우리는 원하는 대로 수정, 보완할 수 있습니다.

The Top 5 Elements of Leadership

- **Vision**
  Having a clear vision of the future and how to get there

- **Communication**
  Being able to effectively communicate with others

- **Integrity**
  Maintaining a high level of integrity and honesty

- **Accountability**
  Holding oneself and others accountable for their actions

- **Empowerment**
  Empowering others to take ownership and make decisions

(6) Beautiful.ai는 다음과 같은 수많은 템플릿을 자동으로 이용해서 작성해줍니다. 이것은 혁명입니다.

학교 메일을 가지고 있다면, 업그레이드하세요. 무료입니다.

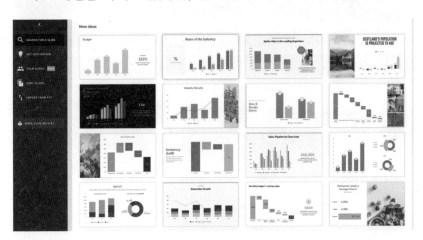

(7) 작성된 화면을 PPT로 다운로드 가능합니다. 화면 왼쪽 More를 클릭하고 Export Slide를 선택합니다. 그리고 Export Entire Presentation을 클릭 후 Editable PowerPoint를 선택합니다.

※ Beautiful.ai 사용법을 더 알고 싶다면, QR코드를 활용하세요.

 출처: 오후다섯씨 Youtube

프로젝트를 효율적으로
이끄는 AI - 노션(Notion) AI

김 과장은 어느 날, 새로운 제품에 대한 홍보를 맡게 되었습니다. 하지만 아이디어가 떠오르지 않았습니다. 그때, 노션 AI의 "창의력을 통한 초안 작성" 기능을 이용해 보기로 했습니다.

노션 AI가 제시한 여러 가지 홍보 초안 중에서 김 과장은 하나를 선택했습니다. 그리고 그 초안을 토대로 글을 완성해 나갔습니다. 노션 AI는 김 과장이 생각하지 못한 새로운 아이디어를 제공해주었고, 기획안 작성 시간을 절약할 수 있었습니다.

김 과장은 노션 AI의 "더 나은 글쓰기" 기능을 활용해 문장 구성과 맞춤법을 체크하면서 기획안을 작성했습니다. 이로써 글의 수준을 높일 수 있었습니다.

또한 김 과장은 기획안을 작성하면서 노션 AI가 제공하는 "더 빠른 업무를 위한 작업 자동화" 기능을 활용하여 자동으로 to do list 항목을 만들었고, 보고를 위해 기획안의 요약본을 작성해서 30분 보고를 30초 안에 요약본까지 작성할 수 있었습니다. 이를 통해 업무 효율성을 대폭 높일 수 있었습니다. 김 과장은 노션 AI를 통해 업무 능력을 더욱 향상시킬 수 있었고, 높은 생산성과 성과를 이루게 되었습니다.

이처럼 노션 AI를 잘 활용하는 직장인들은 업무에서 높은 성과를 내고, 동료들의 사례를 통해 노션 AI의 활용법을 공유하며, 보다 효율적으로 일할 수 있게 됩니다.

또한 노션 AI는 다양한 산업에서 활용될 수 있습니다. 예를 들면, 금융 산업에서는 금융 데이터를 분석하여 투자에 대한 올바른 정보를 제공할 수 있고, 제조 산업에서는 생산 공정을 자동화함으로써 높은 효율성을 이룰 수 있습니다.

노션 AI는 업무에서 발생하는 문제를 해결하고, 생산성을 높일 수 있는 많은 기능을 제공하는 매우 유용한 도구입니다. 적극 활용하는 직장인들은 좀 더 효율적이고 창의적인 업무를 수행할 수 있으며, 더욱 높은 성과를 이룰 수 있습니다.

1) 핵심 기능 3가지

우리가 회사에서 일을 잘한다는 평가를 받을 때 가장 중요한 것 2가지는 신속함과 Quality입니다. 즉 업무를 맡게 되었을 때 내용은 부족하더라도 신속하게 보고서를 작성하고 보고한다면 일 잘한다는 평가를 받습니다. 아니면 시간이 걸리더라도 보고서의 정확도와 Quality가 뛰어나면 또한 일을 잘한다고 평가받습니다.

노션 AI는 이 두 가지 경우에 모두 활용할 수 있습니다. 신속하게 보고하거나 Quality를 확보하는 데 아주 유용한 도구입니다. 신속함이 필요하면 프로젝트의 초안을 노션 AI를 통해 작성된 초안을 가지고 최대한 빠르게 보고하면 됩니다. Quality가 필요하면 노션 AI를 통해 작성된 초안에 대해 계속 노션 AI에게 질문을 반복하면서 내용을 풍성하고 정확하게 만들면 됩니다.

노션 AI는 나의 생각의 속도와 크기 그리고 창의성을 크게 업그레이드해주는 개인 비서입니다. 나의 글쓰기를 도와주는 도우미로도 생각할 수 있습니다.

(1) 내가 하는 프로젝트의 전체적인 아웃라인을 잡아줍니다. 예를 들면 "리더의 IT 역량 제고 프로젝트에 대한 교육 초안을 만들어 달라."고 하면, 개요/필요성/목표/계획 등의 아웃라인 과 세부 내용을 알려줍니다.

리더들의 IT 역량 제고 프로젝트

개요

리더들의 IT 역량을 제고하는 프로젝트입니다. 기업에서는 최신 IT 기술을 적용하여 업무 효율성을 높이는 것이 중요합니다. 그러나 이를 위해서는 리더들의 IT 역량이 높아야 합니다. 이 프로젝트는 리더들의 IT 역량을 제고하여 업무 효율성을 높이는 것을 목표로 합니다.

필요성

기업에서는 최신 IT 기술을 적용하여 업무 효율성을 높이는 것이 중요합니다. 그러나 이를 위해서는 리더들의 IT 역량이 높아야 합니다. 즉, 리더들이 IT 기술을 잘 이해하고 적용할 수 있어야 합니다. 이를 위해서는 리더들의 IT 역량을 제고하는 프로젝트가 필요합니다.

목표

1. 리더들의 IT 역량 향상
   - IT 기술에 대한 이해도 향상
   - IT 기술을 활용하여 업무를 보다 효율적으로 수행할 수 있는 능력 향상
2. 업무 효율성 증대
   - IT 기술을 활용하여 업무 프로세스 개선 및 자동화
   - 업무 처리 시간 단축 및 업무 품질 향상

계획

1. IT 교육
   - IT 기초 개념 및 최신 IT 기술에 대한 교육
   - IT 기술을 활용한 업무 프로세스 개선 방법 교육
2. IT 기술 소개
   - 최신 IT 기술 및 소프트웨어 도구 소개
   - IT 기술을 활용한 업무 프로세스 개선 사례 소개
3. IT 프로젝트
   - IT 프로젝트 아이디어 회의
   - IT 프로젝트 기획서 작성
   - IT 프로젝트 실행

세부 계획은 다음과 같습니다.

(2) 초안 작성에 대해 예제화(아이디어 브레인스토밍/블로그 게시물/보도자료 등)가 되어 있습니다.

(3) 모든 문서의 요약, 번역, 어조 변경이 가능합니다. 작성된 글에 대한 어조를 원하는 톤으로 바꾸어 줍니다. 물론 요약도 가능하고 번역도 가능합니다.

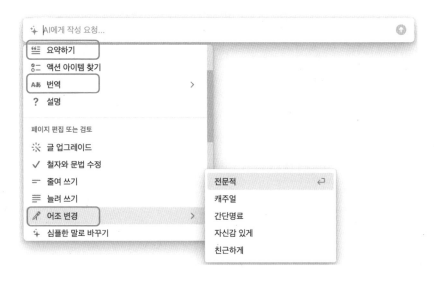

2) 사용법

(1) 스페이스 키를 누릅니다.

Notion AI 설명

AI 기능은 '스페이스 키', 명령어는 '/' 입력

(2) 메일 작성을 해 봅니다.

Notion AI 설명

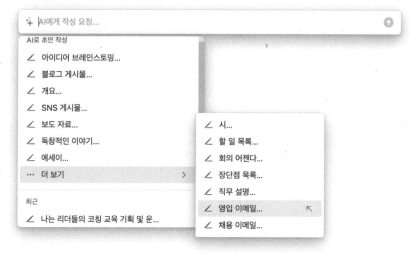

(3) "마케팅 회사 홈페이지에 올라갈 슬로건을 찾아줘."를 입력합니다. 답변이 나옵니다.

Notion AI 설명

✦ 아이디어 브레인스토밍 주제 : 마케팅 회사 홈페이지에 올라갈 슬로건을 찾아줘 ⬆

- 우리의 전략, 당신의 성공
- 브랜드를 만들고, 성장을 이끌다
- 혁신적인 마케팅 전략으로 미래를 열다
- 당신의 비즈니스를 위한 최고의 마케팅 파트너
- 성공을 위한 끊임없는 도전과 혁신
- 새로운 가능성을 만들어가는 마케팅 전문가
- 함께하는 성장, 함께하는 성공
- 시장을 선도하는 창의적인 마케팅 솔루션
- 브랜드 가치를 높이는 최고의 마케팅 전략
- 현명한 투자, 빠른 성장을 이끄는 마케팅 전문가

(4) 나온 결과물을 선택하고 왼쪽 상단에 "AI에게 요청"을 클릭합니다.

- 우리의 전략, 당신의 성공
- 브랜드를 만들고, 성장을 이끌다
- 혁신적인 마케팅 전략으로 미래를 열다
- 당신의 비즈니스를 위한 최고의 마케팅 파트너
- 성공을 위한 끊임없는 도전과 혁신
- 새로운 가능성을 만들어가는 마케팅 전문가
- 함께하는 성장, 함께하는 성공
- 시장을 선도하는 창의적인 마케팅 솔루션
- 브랜드 가치를 높이는 최고의 마케팅 전략
- 현명한 투자, 빠른 성장을 이끄는 마케팅 전문가

(5) 선택한 영역에 대해 글 늘려 쓰기, 어조 변경, 요약하기, 번역 등을 할 수 있습니다.

Notion AI 설명

- 우리의 전략, 당신의 성공
- 브랜드를 만들고, 성장을 이끌다
- 혁신적인 마케팅 전략으로 미래를 열다
- 당신의 비즈니스를 위한 최고의 마케팅 파트너
- 성공을 위한 끊임없는 도전과 혁신
- 새로운 가능성을 만들어가는 마케팅 전문가
- 함께하는 성장, 함께하는 성공
- 시장을 선도하는 창의적인 마케팅 솔루션
- 브랜드 가치를 높이는 최고의 마케팅 전략
- 현명한 투자, 빠른 성장을 이끄는 마케팅 전문가

※ 노션 AI 사용법을 더 알고 싶다면, QR코드를 활용하세요.

출처: Route 9 루트나인 Youtube

일하는 방법의
미래 - 코파일럿(Copilot)

회사에서 일하는 송 부장의 미래를 상상해보겠습니다. 다음은 마이크로소프트 365 코파일럿^{Copilot}을 이용한 송 부장의 하루입니다.

송 부장은 아침 일찍 회사에 도착합니다. 오늘은 중요한 프로젝트의 발표가 있기 때문입니다. 송 부장은 컴퓨터를 켜고 파워포인트를 실행했습니다. 코파일럿 패널에서 "프로젝트 발표 자료 만들기"라고 입력합니다. 코파일럿은 송 부장의 마이크로소프트 365 데이터와 프로젝트 관련 정보를 분석하여 발표 자료의 초안을 생성했습니다. 송 부장은 코파일럿의 추천을 확인하고 필요한 부분을 수정하고 추가했습니다. 코파일럿은 송 부장에게 디자인과 애니메이션 효과에 대한 제안도 해주었습니다. 송 부장은 코파일럿의 도움으로 빠르고 쉽게 발표 자료를 완성할 수 있었습니다.

송 부장은 발표 자료를 저장하고 아웃룩을 열었습니다. 코파일럿은 송 부장의 이메일을 스캔하여 중요한 메시지와 할 일 목록을 정리해 주었습니다. 코파일럿은 송 부장에게 오늘의 일정과 날씨도 알려주었 습니다. 송 부장은 코파일럿의 피드백을 바탕으로 이메일에 답장하고 일정을 조정했습니다. 코파일럿은 송 부장이 작성한 이메일이 정중하 고 명확한지 확인하고 수정할 수 있도록 도와주었습니다.

송 부장은 팀즈MS사 클라우드 기반 협업 툴를 열었습니다. 코파일럿은 송 부장과 팀원들의 대화를 분석하여 협업에 필요한 정보와 문서를 제공해주었습니다. 코파일럿은 Business Chat 기능을 통해 송 부 장과 자연스러운 대화를 나누며 업무를 지원해주었습니다. 예를 들 어, 코파일럿은 송 부상에게 "오늘 오후 2시에 프로젝트 발표가 있 습니다. 준비가 되셨나요?"라고 물어보았습니다. 송 부장은 "오케 이. 준비되었어."라고 답합니다. 코파일럿은 "좋습니다. 발표 전에 다시 한번 확인해보세요. 필요하시면 저에게 말씀하세요."라고 답 했습니다.

송 부장은 오후 2시에 프로젝트 발표를 했습니다. 코파일럿은 송 부장의 발표를 녹화하고 요약하며 피드백을 준비했습니다. 발표가 끝나고 코파일럿은 송 부장에게 "발표 잘하셨습니다. 수고하셨습니다."라고 칭찬해주었습니다. 코파일럿은 송 부장에게 발표 녹화와 요약, 피드백을 보내주었습니다. 송 부장은 코파일럿의 도움으로 발표를 성공적으로 마칠 수 있었습니다.

송 부장은 하루 종일 코파일럿과 함께 업무를 진행했습니다. 코파일럿은 송 부장의 작업을 쉽고 빠르게 만들어주었습니다. 송 부장은 코파일럿 덕분에 하루 근로 시간인 8시간 안에 모든 일을 끝낼 수 있었습니다. 오늘도 그는 코파일럿에게 감사하며 귀가했습니다.

1) 핵심 기능

(1) 워드

코파일럿을 사용하면 워드에서 보고서를 작성하고 편집하고 요약하는 것이 매우 수월해집니다. 사용자가 원하는 주제와 키워드를 코파일럿에게 물어보고 적절한 내용과 서식을 찾을 수 있습니다. 코파일럿을 통해 원하는 문장을 완성하고, 맞춤법과 문법을 교정하고, 논리와 일관성을 점검할 수 있습니다. 또한 원하는 요약 길이와 스타일을 물어보면 적절한 요약문을 작성할 수 있습니다.

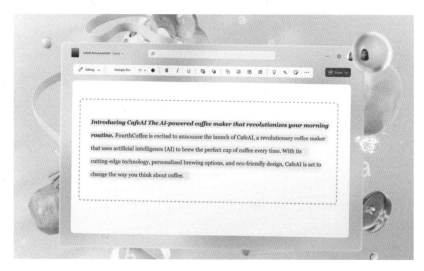

(2) 엑셀

코파일럿을 이용하면 엑셀에서 효과적인 데이터 분석과 예측을 할 수 있습니다. 사용자가 원하는 데이터의 종류와 결괏값을 코파일럿에게 물어보면 바로 적절한 함수와 공식을 제안해줍니다. 또한 사용자가 원하는 분석의 종류와 방법을 코파일럿에게 물어보면 적절한 차트와 피벗 테이블을 작성해줍니다. 코파일럿은 사용자가 원하는 예측의 종류와 방법으로 적절한 예측선과 신뢰 구간을 생성해줍니다.

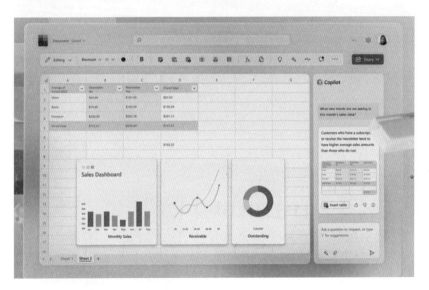

(3) 파워포인트

코파일럿을 통해 파워포인트는 인상적인 슬라이드를 만들 수 있습니다. 코파일럿은 사용자가 원하는 슬라이드의 주제와 키워드를 요청받고 디자인과 레이아웃을 제안해줍니다. 또한 코파일럿은 사용자가 원하는 슬라이드의 내용과 순서를 요청받고 텍스트와 이미지를 추가해줍니다. 사용자가 원하는 슬라이드의 효과와 전환을 코파일럿에게 요청하면 적절한 애니메이션과 사운드를 추가해줍니다.

(4) 팀즈 화상회의

코파일럿을 활용한 팀즈 화상회의에서는 참여자들이 함께 채팅하고 영상 통화하고 공동 작업을 할 수 있습니다. 회의 주최자는 코파일럿을 통해 참석자들에게 회의 일정과 초대장과 알림을 보내주었습니다. 또한 회의 주최자는 코파일럿을 통해 원하는 회의의 주제와 목적에 맞게 적절한 의제와 자료를 준비할 수 있었습니다. 회의에 해외 비즈니스 파트너가 참석할 경우 코파일럿을 통해 즉시 통역이 가능하여 이제는 언어의 장벽을 쉽게 뛰어넘을 수 있게 되었습니다.

※ 코파일럿을 더 알고 싶다면, QR코드를 활용하세요.

출처: 힙포인사이트 Youtube

에필로그

문 부장의 놀라운 하루

문 부장은 오늘 아침에도 일찍 회사에 도착했다. 정확한 시간을 표시하는 스마트워치를 한눈에 보고, '아직 시간 여유가 있군.' 하고 생각했다. 그리고 스마트폰에서 투두이스트를 열어 오늘의 할 일 목록을 확인했다. 어젯밤 머릿속에 있는 계획들을 생각날 때마다 작성한 것이었다.

회의실로 들어가자마자, 문 부장은 노션을 켰다. 이 앱에 업무 및 회의 자료를 체계적으로 정리해 놓았다. 오늘 아침 회의는 중요한 프로젝트에 관한 것이기 때문에 꼼꼼하게 준비해야 했다. 문 부장은 ChatGPT와 같은 생성형 AI를 활용하여 회의 주제와 관련된 정보들을 금방 찾아냈다. 그의 빠른 정보 습득력에 동료들은 놀라워했다.

회의를 하면서 문 부장은 자신의 생각을 정리하며 에버노트에 적어 갔다. 에버노트는 완벽한 회의록을 작성하는 데 필요한 최고의 도구였다. 이렇게 준비된 회의록은 문 부장의 팀원들에게도 큰 도움이 되었다.

회의가 끝난 후 문 부장은 프로젝트 팀원들과 함께 beautiful.ai를 사용해 프로젝트 발표 자료를 만들었다. 이 웹 기반 AI 도구를 사용함으로써 그들의 프로젝트 발표는 눈에 띄게 개선되었다. 시각적으로 매력적인 슬라이드와 함께 문 부장의 설명은 팀원들에게 큰 감동을 주었다.

오후에는 아사나를 이용해 프로젝트 일정을 관리했다. 이 앱을 사용하면서 문 부장은 프로젝트 진행 상황을 한눈에 볼 수 있었으며, 각 팀원들의 업무 분담도 쉽게 조정할 수 있었다. 그 결과 문 부장은 다른 사람들보다 월등한 성과를 거두며 회사에서 큰 인정을 받았다.

특히 문 부장은 생성형 AI인 ChatGPT를 이용해 업무의 능률을 높이고 있었다. ChatGPT는 새로운 아이디어를 제안하거나 문서 작성을 도와주었다. 이를 통해 그의 업무는 더욱 창의적이고 효율적으로 진행되었다.

문 부장은 하루 종일 이러한 앱들을 활용하여 업무를 척척 해나 갔다. 일이 끝나고 집으로 돌아가는 길에도 문 부장은 스마트폰에 있는 앱들을 통해 내일 할 일들을 미리 계획했다. 그의 업무 스타일 은 늘 계획적이고 체계적이어서 동료들 사이에서 많은 존경을 받았 다. 문 부장은 집에 도착한 후에도 잠시 휴식을 취한 뒤에 곧바로 노션을 켜 팀원들과 공유한 자료들을 정리했다.

문 부장은 여러 앱을 사용하여 업무를 원활하게 진행할 수 있게 되었다. 그 덕분에 회사에서의 업무 외에 가족과 함께 보내는 시간 도 훨씬 여유롭게 관리할 수 있었다. 이런 삶의 질 향상은 문 부장 에게 있어 가장 큰 성과 중 하나였다.

어느 날, 문 부장은 동료들에게 자신이 사용하는 앱들과 생성형 AI에 대해 소개하는 세미나를 진행하기로 결심했다. 그의 목표는 회사 전체의 생산성을 향상시키는 것이었다. 세미나가 시작되자, 문 부장은 차근차근 각 앱의 사용법과 장점, 그리고 생성형 AI의 활용법을 설명했다.

세미나가 끝난 후, 회사 내에서 문 부장의 생산성 앱 사용법과 생성형 AI 활용법에 대한 관심이 급속도로 확산되었다. 동료들은 이 앱들과 생성형 AI를 사용하여 업무의 효율성을 높이고자 노력했고, 결과적으로 회사 전체의 생산성이 향상되었다. 이러한 변화 덕분에 문 부장은 회사에서 더 큰 책임을 맡게 되었으며, 그의 리더십 역시 매우 높게 평가되었다.

문 부장처럼 우리도 할 수 있다. 생산성 앱과 생성형 AI를 활용하여 지금보다 더 효율적으로 업무를 처리하고 삶의 질을 높여보는 것은 어떨까? 아마 그렇게 되면 문 부장처럼 놀라운 비즈니스 성과를 거두고, 세상을 더 나은 곳으로 만드는 데도 기여할 수 있을 것이다.

일 좀 하는 리더

초판 1쇄 인쇄 2023년 7월 7일
초판 1쇄 발행 2023년 7월 10일

지은이 송일섭

기획 이유림
편집 김정웅
마케팅 총괄 임동건
마케팅 안보라
경영 지원 임정혁, 이순미

펴낸이 최익성
펴낸 곳 플랜비디자인

디자인 박규리

출판등록 제2016-000001호
주소 경기도 화성시 동탄첨단산업1로 27 동탄X타워 A동 3210호

전화 031-8050-0508
팩스 02-2179-8994
이메일 planbdesigncompany@gmail.com

ISBN 979-11-6832-062-8 (03320)